华夏文库·民俗书系

绿洲聚会

维吾尔巴扎与民俗生活

哈丽达·斯拉木 著

大地传媒　中州古籍出版社

《华夏文库》发凡

毫无疑问，每一个时代都有属于自己时代的精神追求、文化叩问与出版理想。我们不禁要问，在21世纪初叶，在全球文明交融的今天，在信息文明的发轫初期，作为中国出版人，我们正在或者将要追求什么？我们能够成就或奉献什么？我们以何种方式参与全球化时代的文化传播进程？在一连串的追问下，于是，有了这套《华夏文库》的出版。

自信才能交融。世界各大文明在坚守自身文化个性的同时，不约而同地加快了探视其他文化精神内涵的步伐，世界不同文明正在朝着了解、交流、碰撞、借鉴与融合的方向前进。在此背景下，建立自身的文化自信，正是与世界各文明民族进行文化交流的基本要求。五千年中华文明与文化正在不断地被其他文明所发现、所挖掘、所认知，汉语言正在生长为世界语言，儒文化正在世界各地生根发芽。

借助这样一种正在成长着的文化自信、自觉、开放、亲和之力，用我们这个时代的学术眼光全面系统梳理中华五千年的文明与文化，向其他各大文明与文化圈正面展示自我，让中华优秀文化成为世界文化的重要组成部分，正是我们出版这套文库的目的之一。此其一。

知己才能知彼。身处五千年文化浸润的今天，重新审视我们先人的人生思考、价值思考与哲学思考，找到一个民族、一个国家的价值所在、立命所在、安身所在，这已经是我们这个时代的学人与出版人不得不再思考的问题。作为中华文明的一分子，我们在思考的同时，还必须了解我们的先人创造了如何优秀的精神文明与物质文明以及社会文明。只有熟知自己的文化，热爱自己的文化，悟明自己的文化，我们才能宣说自己、弘扬自己、光大自己。因此，我们策划组织这套《华夏文库》的初衷，还在于让当下的知识青年全面系统瞭望中华文明与文化的全景，并借此能够对更为深广的世界各民族文化提供一个比较认知的基础。此其二。

顺势才能有为。我们正处在农耕文明、工业文明、信息文明的交汇处，信息文明带领我们从读纸时代进入读屏时代，以智能手机屏幕为代表的书籍呈现方式正在与纸质书籍争夺阅读时间与空间。我们正在领悟数字技术，正在以信息文明的视角，去整理、分析和研究农耕文明与工业文明的文化遗产，不仅仅是为了唤醒优秀的传统文化，我们还在生发和原创着当今时代的文化。由此，我们试图架起一座桥梁——由纸质呈现而数字呈现，由数字呈现而纸质呈现，以多媒介的书籍呈现方式，将文字、图像、声音与视频四者结合，共同筑成《华夏文库》以奉献给信息文明时代的新读者。此其三。

总之，这是一套——专家大家名家写小书；以最小的阅读单元，原创撰写中华精神文明、物质文明与社会文明系列主题与专题；以图文、声视频多媒介呈现的方式，全面介绍与传播中华文明与优秀文化，系统普及与推介中华文明与文化知识；主旨是为了让世界与中国共同了解中国的——大型丛书，借此，复兴文化，唤起精神，融入世界。

耿相新

2013年6月27日

《华夏文库·民俗书系》序

《民俗书系》是中原出版传媒集团一项浩大工程《华夏文库》的一个重要组成部分，分为十个系列：生产贸易民俗系列，衣食住行民俗系列，社会家庭民俗系列，人生仪礼民俗系列，生态、科技民俗系列，信仰民俗系列，岁时节令民俗系列，语言文学民俗系列，民间游乐民俗系列和民间艺术系列，涉及民俗文化的所有方面。这是一套具有相当规模的民俗类丛书。第一期约300本，每个省、自治区、直辖市10本左右。以后还有第二期、第三期。从数量上看，这套书在民俗文化呈现的广度方面是前所未有的。

有规模，成体系，才能产生深刻而广泛的社会效应。就民俗文化而言，一两本书，做得再精致，影响也是有限的。只有达到一定规模，才能全面、系统而又细致地展现中国各民族各地区丰富灿烂的民俗文化。中国幅员广阔、民族众多，以往有关民俗文化的呈现多是局部的，有很大的局限性，而《民俗书系》是对中华各民族民俗文化全方位的展示，超越了已出版的任何一套民俗丛书。这有助于对中华各民族民俗文化进行整体观照，多向度地把握、理解和享用中华各民族民俗文化。

十个系列仅仅是给定了民俗文库选题的范围和领域，而每本书的选题要求主要体现在两个方面。一是强调具体和细微。选题越具体越好，越细微越好。以往民俗文化方面的书，选题都比较大，侧重在"面"

上,而《民俗书系》的选题,侧重在"点"上。譬如中国民居方面的选题,以往即为中国民居,如陕北窑洞、蒙古包、客家民居、北京四合院等等,我们这套书要求选题更为具体,诸如门、床、窗、影壁、屋脊、砖雕、上梁仪式、天井等等。选题越具体、越集中,越能书写得深入,越能说得透彻,从不同方面把这一指向范围细微的"事象"的表现形式、过程、内涵阐述清楚。一个选题,仅涉及一个方面的话题或事物,全书就围绕一个具体的民俗"事象"集中笔墨展开阐述。

二是强调地域性。选择具有地方特色的民俗文化。选题不避偏,即便是不为外界所知的民俗文化"事象",也可以作为选题。这样的选题纳入整套书系之中,其所描述的对象就成为整个中华民族民间文化体系中的一部分,具有不可替代的位置。通过这套文库的出版,将这一原本影响不大的民俗文化"事象"推向全国,乃至世界。此处的地域是具体的,不是覆盖整个省,甚至大片地区和流域,而是局限于某一市县、某一城镇、某一村落。写一个具体地方的某一具体的民俗"事象",民俗"事象"所流传的范围是明确的。当然,也有的以一个地方的某一民俗"事象"为书写中心,适当涉及其他地方相同的民俗"事象",包括引用其起源、历史发展脉络和内涵分析等方面的相关资料,采用了以点带面的叙述范式。也有的通过图片的方式,连接其他地方同一民俗文化"事象",做一些适当比较。

在这两点要求的基础上,这套民俗书系的选题是开放性的,面向中华各民族的广袤大地和民俗文化的汪洋大海。

《民俗书系》中的每本书字数在6万~7万,配有多幅图。根据选题本身的特点选择不同的写作角度和呈现方式,甚至有的以图为主,文字只是起到辅助、说明的作用。也有的以一个故事或传说为引导,再进入民俗"事象"本身,展开层层阐述。每本书的结构简洁而又灵活，便于作者把握和读者阅读。在述与论的关系方面，以"述"为主，"述"是全书主要的行文方式和表现主体；以"论"为辅，富有层次地清晰演示特定民俗"事象"的表现形态及其现状和历史，说明其深厚的文化内涵，提供其社会及文化背景。每幅图片都有比较翔实的说明，诸如图片中的人是谁，都在干什么，主要景观和物品的名称、含义，画面属于仪式过程的哪个环节等。图片不是配图，不是为了美观，而是整本书的有机组成部分。

这套《民俗书系》追求一种原生态写作境界。这里的原生态，就是强调民俗表达的原汁原味。所使用的文字素材和图片基本上是作者自己采集到的第一手资料，夯实了全书的所有内容。这套书系的作者绝大多数不是学者或专业研究人员，而是地方文化精英，是地方民间文化传统的积极传承者。作者就是当地人，对这一选题或这一民俗"事象"最为熟悉，而且反复经历和参与过这一民俗活动，最了解这一民俗活动，并具有一定的书面语言表达能力，是最适合写这本书的人。作者对这一选题有比较丰富的资料积累和信息储备，是这一选题的代言人和权威，而书的出版更是对作者权威地位的认定。这套书系的价值主要不是学术上的，不是理论方法方面的，而是发掘地方民俗文化资源，真实、客观地再现了民俗文化，展示了民俗文化本身具有的文化魅力和现实意义。这套书系可称之为原生态民俗书系。

《民俗书系》编纂和出版的动机是宏伟的，具有高远的历史文化志向和神圣的现实责任感。这一浩大工程值得您的期待，更值得您的关注。

万建中

2015 年 1 月 20 日于京师园

目录

一 维吾尔巴扎概述

1 关于巴扎 ... 2
2 巴扎的起源 ... 8
3 维吾尔巴扎的形成 ... 14
4 丝绸之路与维吾尔巴扎 ... 19

二 维吾尔巴扎与民俗生活

1 巴扎上的饮食民俗 ... 25
2 巴扎上的服饰民俗 ... 31
3 巴扎上的手工民俗 ... 36
4 巴扎上的娱乐民俗 ... 40

三 维吾尔巴扎的时空与绿洲文化

1 巴扎的时空 ... 45

2　巴扎与绿洲文化 …………………………………… 52

　　3　巴扎的建筑 ………………………………………… 57

　　4　巴扎的交通工具 …………………………………… 61

四　维吾尔巴扎与社会形态

　　1　巴扎与政治经济 …………………………………… 67

　　2　巴扎与宗教信仰 …………………………………… 72

　　3　巴扎与商业道德 …………………………………… 80

　　4　巴扎与社会文化 …………………………………… 86

五　维吾尔巴扎的发展前景

　　1　巴扎的基本特征 …………………………………… 91

　　2　巴扎的社会功能 …………………………………… 102

　　3　巴扎存在的问题 …………………………………… 110

　　4　巴扎的发展前景 …………………………………… 117

参考文献 ……………………………………………………… 125

一 维吾尔巴扎概述

1 关于巴扎

在新疆，巴扎（bazar）既是一个特殊的现象，又是一个热闹的地方。维吾尔族具有经商、崇商、重商的传统，天山南北各地绿洲的巴扎就是维吾尔人长期从事商贸活动的结果以及进行经济交流的场所。巴扎可以说是新疆绿洲的说明书和维吾尔文化的博物馆。在新疆塔里木盆地边缘地域遍布着许多大小不等的绿洲，对于塔克拉玛干大沙漠而言，绿洲就是广阔沙海中的"绿色小岛"。显然绿洲不仅是维吾尔人赖以生存、繁衍生息的家园，而且他们的文明在绿洲上经历了狩猎—游牧—农牧结合—以种植农业为主的演变。

新疆的绿洲以及以绿洲为依托的城镇，被大面积的沙漠戈壁所包围，它们彼此距离相对遥远。因此，绿洲与绿洲之间的来往交流相对稀少。但维吾尔人天生热爱生活、勤劳顽强、不甘寂寞、追求美好，他们自己已形成一套完整的生活体系和独特的人生观念。

生活在绿洲的人们要想生存，总得需要生活与生产必需品，但不是所有的生活与生产必需品他们都能自己生产出来，所以绿洲维吾尔人不得不通过交换来寻求所需要的东西。因此，在绿洲中生活的维吾尔人已习惯以巴扎为媒介，互通有无，进行经济交流，展开社会交往，

热闹非凡的维吾尔巴扎

从而满足物质与精神生活的各种需要。巴扎在物质、生活、文化、娱乐、社交、信息等各方面充当了重要角色，已成为绿洲人了解世界的一个重要窗口。

巴扎，维吾尔语集市之谓，这个词来源于波斯语。在我国至少从元代起，包括维吾尔族在内的中亚突厥语系民族中开始用巴扎来指称集市。但有一点我们必须弄清楚和正确看待，巴扎并不等同于集市，它的内涵更为丰富、特征更为多样，往往成为维吾尔人世俗世界的一种象征性符号。巴扎与单纯的集市相比，不仅具有更加丰富的商业经济内涵，还有更为广泛深远的社会文化意义。

巴扎，又被音译作"把杂尔""巴匝尔""八杂儿""八栅尔""八咱尔""把撒儿""把栅""把咱儿""捌杂""巴札尔"等，后来通用"巴扎"，即维吾尔人对城乡商业街道和集市的称呼。巴扎虽然意译为"集市""市场""行情""农贸市场",但它与我国内地的"圩集""会市""集市"有着许多不同之处。集市在我国北方地区叫"集",在江南地区叫"市",在两广地区叫"墟",在云南叫"街子",在四川盆地叫"场"。《民族词典》中"巴扎"意译为"商业繁盛之区"或"集市"。清代音译作"八杂儿"或"八栅尔"。

中世纪回鹘文献《突厥语大辞典》曾提到过"balik"等一系列词,其意思是"城、堡",但没有"巴扎"一词。由此可见,在古代维吾尔人的眼中,"城、堡"与如今我们所探讨的巴扎没有什么太大的不同。在古代社会,"城、堡"这些地方就是人们的经济战争文化活动最集中的地点。大多数城早期是在政治、军事功能的带动下发展而来的,后来才逐渐具有了经济、商业、交通、文化、宗教等多种功能。古代维吾尔人认为巴扎与城有密切的关系,也就是说,城是人群集聚、商贸活动以及文化活动较为集中的地方,自然而然地成为巴扎的基础。巴尔托里德指出,巴扎的含义是"大门前边的事情"。古代高墙和城堡包围的城郭大门前,原是城里人、农牧民或手工业者、异地商人进行商业活动的地点。另外,当时官员又常在城郭大门前宣布王命或其他法规,传递各种信息。因此,大门前很容易成为人员较为集中的热闹地带和活动交流中心。

维、汉文中的巴扎一词虽出现于元朝时期,但这并不意味着巴扎始于元朝时期。新疆(古称西域)的城镇与贸易活动在公元前就已存在。那些点缀于古代丝绸之路上的众多古代城镇,必然是巴扎贸易活动的早期载体。对巴扎具体活动情况的记载多见于明清时期。明代人陈诚等著的《西域番国志》中记述:哈烈(今阿富汗赫拉特)"乡村多立圩市,凡交易处名把咱儿。每七日一集,以易有无,至暮俱散"。这是汉文史料中首次对巴扎名称及其特点和功能的准确记载。清代也

大门前的巴扎

是维吾尔集市贸易繁荣昌盛的时期，许多史料都对此做了记述。乾隆四十二年(1777)的《回疆风土记》中说："日中之市谓之八栅尔，每七日一集，五方之货服食所需，均于八栅尔交易，银贵中国之元宝，散块小锭则谓有伪赝焉。"另据《清稗类钞》载："市居者，门左右筑土为台，旅陈估货，谓之巴扎尔。"据20世纪50年代初期的调查，南疆的每一个县都有几个到十几个集市分布在全县各地，一般乡村中在往返一日的路程之内都有一个集市。

在我国，最早出现巴扎一词的文献是成书于15世纪的回鹘文、汉文合璧的《高昌馆杂字》，该书《地理门》中收有该词，音译作"把撒儿"，意译为"市廛"，回鹘语读音与现代维吾尔语相同。中亚人谢热普丁·艾里·吐孜迪（约1360~1440）所著历史小说《艾米尔·铁

花帽巴扎

木尔演义》讲述的是元末明初中亚的历史传说，书中多次提到巴扎。这些文献证实巴扎一词最晚也在15世纪就流行在中亚突厥语系民族的语言中。《维吾尔语详解词典》中对巴扎这一词作专门的解释：巴扎——群众做买卖的专门场所；为群众做买卖特定的日子；对内外进行商品交换的特定场所；县城的中心区；群众集中热闹的地方等。值得注意的是，维吾尔族谚语中有大量与巴扎直接联系的丰富的内容。现代维吾尔语巴扎（bazar）指的也是群众集中进行商业活动的较热闹的场所。巴扎一词具有两层含义：一是指人员较为集中的，为专门进行商业活动而指定的场地；二是指在指定时间、指定地点进行的商贸活动。在维吾尔族的口头语里，人员较为集中的地方或比较吵闹的地方也被称作巴扎。

值得注意的是出现巴扎记载的时间绝不等同于巴扎最早的诞生时

鸽子巴扎

间。任何一个事物从诞生到有历史记载都需要时间的考验和群体的记忆。

综上所述,维吾尔巴扎具有悠久的历史,它是在绿洲自给自足的经济基础上形成的,以围绕维吾尔族集中居住的各个绿洲为单元轮流进行的,在绿洲维吾尔人的经济生活与精神世界中起到重要作用的一种综合性场所和活动。

2　巴扎的起源

巴扎（集市）是一种交换场所和交换活动，是自然经济的伴生物，其主要内容是通过商品流通互通有无，进行余缺调剂，满足人们需求，实现资源优化配置。人类的商贸活动有着悠久的历史，早期的集市贸易有可能建立在以己所有、换己所无的物物交换的基础上，交换物品不一定等价，交换也是在部落内部及氏族之间进行的。远古时代，人们对交换物品的数量多少、等价是否，从不计较，很多交换活动有可能是在一种不公开或无约定的情况之下进行的。比如在井旁和人员较集中的路边进行简单原始的交换，而后就回家。当然，产生定时、定点的集市需要一个漫长的历史过程。

人类早期生产力水平极其低下，生产工具非常简陋，主要依靠狩猎、捕鱼、采集野果等维持最简单、最朴素的生活。当然这个时候我们无从谈起人类的定居生活，因为那时没有固定居所，人类只能集居在洞穴里。后来人类祖先逐渐学会了栽培植物，制造出一些简单的生产工具，提高了生产能力，于是形成了人类历史上第一次社会大分工，即农业从畜牧业中分离出来。其结果是使人类摆脱了游牧时期居无定所的情况，能够选择适宜的土地耕作并逐渐定居，形成了固定的居民

巴扎上的传统手工艺品

点。因此，人类最初的居住地可称为聚落。这时的聚落可以说是农村的一种胚胎。

农业和畜牧业分离之后，出现了部分从事手工业的非农业人口，同时有了更多的剩余品可用来交换。剩余品的出现在一定程度上满足了手工业和其他非农业人口的需求。而农业的发展又对生产工具和技术提出更高的要求，使原来附属于农业的手工业者独立出来从事手工业生产，这就产生了人类历史上第二次社会大分工。手工业的生产要求有相对集中和固定的场所，于是居民点便分裂为以农业为中心的乡村和以手工业为中心的城镇（城市）。这时的居住点可以说是集市（城市）的雏形。农业和手工业的分离使交换从偶然的、分散的、不定期的行为逐渐发展成经常的、集中的、定期的行为。交换数量扩大，交换地点逐步集中，交换主体主动性增强，慢慢形成比较固定的交易场所。就这样，人类历史上出现了第三次社会大分工，出现了专门从事商品交易的行为和专门从事商品买卖的商人。商人的出现拓宽了交换内容，增加了交换地点，提高了交换频率，商业由此产生。这时的居住点可以说是城市的基础。

从某种意义上来讲，社会分工导致了贸易的产生，而贸易的发展又促进了社会分工的扩大与细化。商人和商业的产生也是社会分工的必然结果。商业的出现对集市（城市）的形成和发展起到了巨大的推动作用。商业的出现使社会经济活动集中到集市（城市），也使集市（城市）成为人类社会的经济活动中心和贸易中心。过去的城市本质上是城镇、城堡或者仅仅是城而已，基本上是教区或者行政管理中心，城中只有农业、手工业和地方集市。因此，集市（城市）经济本质上是商品经济。总之，人类从最初的居住地聚落到如今的居住地城市经历了一个漫长的历史过程。聚落当然有一个从低级到高级的发展过程，即聚落—村庄—集市—城堡—城市等，从一定程度上来讲，城市是巴扎——集市聚居发展而来的一种高级形态而已。

农业和畜牧业的分离，使人们建立了比较固定的居民点。固定居民点的出现及农产品的剩余可为非农业生产者提供生活必需品，从而产生了交换。交换活动不仅给从事农业的人口带来极大的便利，还在交通枢纽、居民区域中心、自然资源丰富地域、宗教场所附近等地方逐渐形成进行早期的交换场所——巴扎。随着农业的进一步发展、手工业规模的扩大，使交换场所——巴扎有了相应的扩张和发展。

巴扎最早是人们在民间自发聚集形成的一种交换场所。毫无疑问，巴扎（集市）起源于早期的物物交换。虽然巴扎产生于很久以前，但关于巴扎（集市）起源的问题却众说纷纭，至今没有统一的观点，其

概括起来大致有以下几种观点:

一是稀缺论。人类的需求是无限的,但相对来讲资源是有限的。以有限的资源来满足无限的需求总是导致物品不够用,甚至稀缺。但人类对满足无限需求的追求和梦想从未停止,在其推动下解决物品不够和稀缺问题的巴扎就形成了。

二是剩余论。该理论认为,有了剩余品才会有交换活动,交换是巴扎的基础,交换活动最终催化了进行交换活动的场所——巴扎的产生。

三是防御论。该理论的主要观点是伴随着灾难、疾病、战争及人口迁移等的发生,人类需要保护自身的安全,需要维持生命的各种物资(自产的和非自产的多种必需品),这种物资的持续性集散导致了

巴扎上密集的人群

巴扎的诞生。

四是宗教论。宗教是伴随着人类历史而延续过来的。宗教有一系列的教经和活动准则，而集体的宗教活动当然需要一个容纳许多人的固定场所。宗教的神圣色彩及活动的频繁性吸引了人员和物资的不断集中。毫无疑问，互通有无就是巴扎产生的基础。

五是环境论。人类的生活总是处在不同的自然环境之中。气候、土壤、资源、地貌等各种生态条件的不同，使人们形成了与众不同的生产方式和生活习惯。因此，便于生产生活的肥沃的土地、便利的交通、温和的气候、丰富的资源、密集的人口等，这些因素自然而然地成为巴扎产生的条件。

六是人口论。人是社会的核心，有人的地方肯定会有各种不同的消费需求。人口的集中和增加，不仅需要物资的大量生产，而且还大大促进了社会细化和分工，同时刺激了不同层次的需求和消费。人的消费需求只能满足于生产和交换之中，生产和交换的融合只能在巴扎中得到解决。

七是差异论。物品交换中没有绝对的等价，只能在接近和相近的情况下进行交换。后来有了货币，其大大促进了物品交换时价值的等同率。商品交换中，不同地区或同一地区不同商品之间总是存在着价格的差异。价格差异在一定程度上催化了集市贸易，从而产生了从价格差异中获利的商业，因此不难看出，只要价格差异存在，就会有以集市贸易为主的交换活动。

这些观点说明了在巴扎的起源中多种因素起着不同的重要作用，并存且相互依靠，同时与生产力水平和社会分工联系在一起，从而推动了巴扎的形成和发展。

维吾尔人集中居住的各个绿洲较为封闭、相距甚远，巴扎就成了

粮食巴扎

绿洲内的商贸中心及农村的主要集散基地。绿洲中的维吾尔人已形成自成体系的生产方式和生活习俗，一般不跨出绿洲界限，也能够照样生存并不断繁衍。这最终导致了绿洲生活方式的封闭性、地域性和单一性。另外，各个绿洲内人口相对集中，绿洲社会的每一位成员基本都有逛巴扎的习惯，所以巴扎的人员流量自然较大，这也就决定了维吾尔巴扎是一个热闹非凡的地方。

3 维吾尔巴扎的形成

维吾尔族是中国历史最悠久的少数民族之一,作为我国北方的一个古老民族,维吾尔族的形成经历了漫长的历史时期。维吾尔族的族源,可追溯到公元前3世纪游牧于贝加尔湖以南、额尔齐斯河和巴尔喀什湖一带的古代游牧民族——丁零。丁零又被称为"铁勒""赤勒"或"敕勒",由于他们使用的车轮高大,又被称为"高车"。其曾被不同时期的各种历史文献译为"韦纥""乌纥""袁纥""回鹘""畏兀儿""畏吾尔"等,1934年,新疆省政府正式规定将其译作"维吾尔",此后一直沿袭至今。"维吾尔族"在维吾尔语中是"团结"或"联合"的意思。维吾尔族是一个多源的民族,其族源既包括漠北草原和天山以北古代游牧部落,又包括天山以南古代绿洲农业土著居民。这两部分人于840年大规模聚合,至16世纪初完全融合。在漫长的历史发展过程中,维吾尔族人民用勤劳和智慧创造了优秀的文化,孕育了独特的民族风情。

维吾尔族主要分布在中国西部边陲——新疆这片土地上。2012年,新疆维吾尔族人口为1052.86万人,占全疆总人口的47.15%。新疆维吾尔族人口的分布具有"大聚居、小分散"的特点。天山以南塔里木

巴扎一角的维吾尔人

盆地周围的诸绿洲是维吾尔族人口的聚居中心。其中,喀什噶尔绿洲、和田绿洲以及阿克苏河和塔里木河流域是维吾尔族人口最为集中的地区。东疆的吐鲁番盆地也是维吾尔族人口比较集中的地区。此外,北疆的伊犁河流域、天山北坡的吉木萨尔—奇台一带也有为数不少的维吾尔族定居。除了新疆之外,在中国境内,维吾尔族人口比较多的还有湖南省和河南省。国外,在哈萨克斯坦、乌兹别克斯坦、土耳其、德国、加拿大、美国等国家也有少量的分布。

经商实际上是维持生计的一种手段,也是使各种社会关系密切的一种形式。维吾尔族的商业意识与他们的民族性格、居住环境、部族成员和宗教信仰等多种因素密切相关。维吾尔人性格豪爽,勤劳顽强,豁达开朗,幽默热情。正是由于他们的这种性格,才有了"哪里人多,哪里热闹，哪里就有巴扎"的现象。

古代维吾尔人在狩猎时期，把一部分猎物用于换取在自己生活的地带无法获得的生活必需品。随着社会的发展，后来定居的农耕者越来越多了，从而出现了一部分从事手工业的人。手工业的发展推动了手工业剩余劳动产品的出现。在这种情况下，他们特别需要借助某种形式和场所来调剂自己手中的剩余产品并获取其他生活必需品。这就促使我们所说的商贸活动和商贸场所——巴扎的初步产生。当然，当时的商贸活动和交换方式带有浓厚的原始色彩。

最早的商贸活动范围不太广，只能覆盖本地区及周围的一些区域，在这种商贸活动中流动牧人起着重要作用。一般物品的运输和外流通常由这些流动牧人来实现。维吾尔人的古代社会经济，从某种意义上

较为原始的畜牧巴扎

来说是由流动牧业经济发展而来的。但流动牧业生活有一个缺点，就是具有季节性。这种季节性流动有时会造成物品供应和运输的不稳定，无法满足巴扎的要求。因此商贸活动的正常运作，自然而然地需要定居性社区、乡村，尤其是人口较为集中的一些城镇。这些地方不但为商贸活动提供稳定的交换空间，而且为人们交换农畜产品、手工艺品、土特产品和其他物品提供了理想场地。

随着人们的定居以及农业、手工业的发展和城市化的进展，在鄂尔浑回鹘汗国时期就已形成了维吾尔族早期的商贸经济集市（巴扎）。蒙古草原、河西走廊、准噶尔盆地和天山东麓的大小河流、湖泊、草原为鄂尔浑回鹘汗国的牧业创造了有利条件。虽然当时回鹘人以牧业为主，但是在一些河流、平原地区的农耕业早已得以发展，农业经济的发展逐渐地促使一部分回鹘牧人定居，从而出现了最早的固定乡村社区和小规模的城镇。定居、固定乡村社区和定期的商业交换等种种因素最终促使古代城镇形成了。

根据历史记载，鄂尔浑回鹘汗国时期人们已建设起了许多大小城镇。汗国首都喀喇巴尔噶逊不仅是汗国的政治、商业中心，而且是农业、手工业中心。考古学家已发现许多有关当时城镇的历史证据。由此可见，随着农耕、定居和城镇化的发展，当时商品交换也得到相应的发展。汗国首都曾经有许多祈祷院、手工业商店，算是首都最繁荣的地段。可以说，当时鄂尔浑回鹘汗国的各城郭里商业、手工业有了较大程度的发展，从而推动了整个汗国的经济繁荣。

穿过鄂尔浑回鹘汗国土地的古代商贸之路连接东西方古代商道，为汗国经济的发展创造了良好的机会。当时鄂尔浑回鹘汗国跟唐朝连续做了长期的"马—茶""马—绸"贸易并有效消除了古代商道的各种阻碍，保证了东西贸易、文化交流的顺利进行。这一系列优越条件，大大推动了鄂尔浑回鹘汗国的商业交流和经济发展。

  商贸活动的增多，改变了王宫及新形成的商业阶层对财富的认识。以前在他们的眼里，牲畜是世界上最大的财富。后来他们把黄金、宝石及各类丝织品也当作财富看待。这种状态逐渐对群众造成影响，也改变了民众对财富的看法，从而为商品意识形成创造便利，最终推进了整个汗国的商贸活动。商业活动，肯定需要某一个场所——巴扎。维吾尔人性格豪爽、活泼开朗，喜欢扎堆凑热闹。哪里人多，哪里热闹，哪里就有巴扎。我们在研究巴扎的形成时，这一点是不能忽视的。在古代，很可能在人口较为集中的十字路口、乡村中心等一些地方自然而然地就成为进行各类活动的定期的重要场所。

  巴扎作为以多元经济为一体的重要经济基地，不仅在发展维吾尔传统经济中起着重要作用，而且促进了社会生产，增强了各种社会阶层之间的互惠依靠关系。古代维吾尔人早就形成了自己的商业意识，维吾尔族的商业意识，有关巴扎买卖的记述从民间文学作品中也可以看出来。从某种意义上说，这也证明了维吾尔族商贸活动的悠久历史。

4　丝绸之路与维吾尔巴扎

　　丝绸之路是一条连接亚欧大陆，促进东西方交流的古代陆上商贸通道。这条古丝路东起中国古都长安，西至意大利古都罗马。这条连通东西方的国际丝路将沿途各个国家联系起来，把古老的中原文化、印度文化、波斯文化、阿拉伯文化、古希腊文化和古罗马文化连接起来，大大促进了东西方文化的交流，丰富了沿途各个国家的物质、文化生活，从而推动了世界文明的进程。

　　丝绸之路是在世界史上具有国际性重大意义的长途通道。它既是亚欧大陆的交通大动脉，又是不同民族、宗教相互融合的桥梁，更是一条东西方之间经济、政治、文化交流的主要道路。丝绸之路，简称为丝路，它最初的作用是运输中国古代出产的丝绸。德国地理学家费迪南·冯·李希霍芬（Ferdinand von Richthofen）在1877年出版的《中国——我的旅行成果》一书中正式提出此词后，即被学术界公众广泛接受和采用。

　　丝绸之路贸易具有悠久的历史。远古时期在尼罗河流域、两河流域、印度河流域和黄河流域之北的草原上，已有一条由许多不连贯的小规模贸易路线大体衔接而成的草原之路，这条路就是早期丝绸之路的雏

和田玉石

形。早期的丝路贸易不仅仅以丝绸为主要交易物资，玉以及马、骆驼、羊等牲畜也是丝路贸易中仅次于丝绸的重要商品，其中又以马为最。在公元前15世纪左右，商人就已经出入塔克拉玛干沙漠，购买产自现新疆和田地区的玉石，同时出售海贝等沿海特产。另外，欧亚大陆腹地有广阔的草原和肥沃的土地，对于游牧民族和运输牲畜的商队而言，是一个大舞台。这里的商业交往变得十分频繁，商队不断壮大。因此，丝绸之路上经商人数骤增，其经商技艺也日臻娴熟。古代维吾尔人在连接东西方的丝绸之路贸易中得到了巨大的回报。

丝绸之路形成的基础无疑是绿洲。如果没有中亚地区的绿洲，就没有连接东西方的丝绸之路。丝绸之路之所以能沟通东西方，就是依靠河西走廊、塔里木盆地边缘以及准噶尔盆地南缘的众多绿洲的支撑。丝绸之路的贯通，促进了中亚绿洲之间以及绿洲和中原内地、中亚西亚之间的经济贸易和宗教文化上的交流，从而加速了绿洲的演变和发展。据《汉书·西域传》记载，西汉初年，生活在西域地区的居民多是生活在相互分割的城邦国内，史称"三十六国"，后来分为五十余国。古称"西域"的新疆是丝绸之路的重要交通枢纽，曾经成为中原文化、印度文化、阿拉伯文化和希腊文化等交会的地方。

丝绸之路，在西域按其路线的地理位置分为南、中、北三道，这些线路，主要横穿塔里木盆地边缘的若羌、且末、于田、楼兰、皮山、高昌、伊吾、焉耆、温宿、龟兹、莎车、疏勒、塔什库尔干、吉木萨尔、伊宁等诸多城邦国，并随绿洲的变化而时有变迁移动。如今中国西部边陲的新疆、天山南北及塔里木盆地边缘地区的许多城镇巴扎中仿佛仍然可以看到当时城邦国的兴旺繁荣。丝绸之路虽然已经成为历史，

丝绸之路经过的龟兹（今库车）

但其是中西文明碰撞的起点，并使得这些地方在以后的历次碰撞中相互激发、相互学习、互相汲取养分，使人类不断向前发展。作为经济全球化的早期版本，这条贸易通道被视为全球最重要的国际商贸大动脉。大漠孤烟，长河落日，历史上的丝绸之路虽然已失去辉煌，但随着新丝绸之路的再次繁荣，我们将再次见证沿线各国新的发展。

就国内而言，我国政府日前提出了共同建设"丝绸之路经济带"发展思路，这也是在古丝绸之路概念基础上形成的一个新的经济发展计划和交流模式，旨在使欧亚各国的经济联系更加紧密，合作更加深入，发展空间更加广阔，为沿途各国提供更多的商业机遇和创新合作交流模式。新疆是这一新的经济发展区域蓝图中的重要纽带和中心区之一。"丝

于田县中心贸易巴扎

绸之路经济带"的建设对巴扎贸易和新疆社会发展带来巨大的冲击挑战，同时赋予其千载难逢的发展机遇。

丝绸之路是沟通古代中西方政治、经济、文化和思想的一条大动脉。目前，陕西、宁夏、甘肃、青海和新疆将打破行政区划的限制，共同打造陆上古丝绸之路旅游线路，向国内外推广陆上古丝绸之路旅游品牌。同时，中、哈、吉三国联合申报的丝绸之路"长安—天山廊道路网"成功申报世界文化遗产，成为首例跨国合作且成功申遗的项目且成功收入《世界遗产名录》。

丝绸之路是东西方国际沟通的桥梁和纽带。古老的丝绸之路日益焕发出新的生机活力。以新型工业、旅游业为源头的新丝绸之路的发展，将繁荣古丝路边缘的绿洲驿站——巴扎。丝路及其带动下的巴扎贸易将继续闪耀神奇的西域色彩。

二 维吾尔巴扎与民俗生活

1 巴扎上的饮食民俗

饮食民俗，是指有关食物和饮料在加工、制作和食用过程中形成的民俗。俗话说，民以食为天。由此可见，饮食在人们生活中占有十分重要的地位。它不仅满足人们的生理、生存需要，而且具有丰富的社会文化意义。饮食民俗是伴随着人类社会的产生、经济文化的发展、科学技术的进步而不断发生变化的，它的形成和发展由环境、历史、经济、政治、文化、宗教等诸多方面因素所决定。

维吾尔族是从草原游牧文化向绿洲农耕文化转型的民族，因此维吾尔族在饮食民俗上有着浓厚的游牧农耕文化色彩。维吾尔族以面粉、大米为主食，人们喜喝奶茶，吃烤肉，佐以面粉烤制的馕。饭菜种类很多，有抓饭、拉面、面汤、那仁、薄皮包子、烤包子、油塔子等。人们喜欢吃瓜果，包括甜瓜、西瓜、葡萄、苹果、梨、杏、石榴等。肉食以牛、羊肉以及鸡、鸭、鱼肉为主；禁食猪肉、驴肉、食肉动物肉及凶禽猛兽肉；禁食一切动物的血和自死动物的肉。

维吾尔人在巴扎上的饮食中，肉类、馕类、水果类是比较有特色的，这三类食物在巴扎饮食消费中占有较高的比例。值得注意的是，粮食和肉类是维吾尔巴扎的一个亮点，肉类、粮食在巴扎的分量体现着畜牧业和农业在维吾尔人经济生活中的重要地位。

　　维吾尔人喜欢肉类的食品。巴扎的各摊位上都可以看到烤全羊、牛羊肉汤、烤包子、抓饭等各种肉类食品。由于贫穷，大多数农民不能天天吃肉，只能在一个星期一次的巴扎日吃点肉类食品来满足自己对肉的需求。赶巴扎的农民对肉的价格也非常敏感。可见，维吾尔人喜欢吃肉类食品的习俗与游牧生活有一定的联系。

　　抓饭不仅味道鲜美，而且营养丰富，已成为维吾尔族人民婚丧嫁娶、逢年过节招待亲朋好友及补养身体的美味佳肴。关于抓饭，维吾尔族民间有一个故事：一千多年前有个学者到晚年时，身体非常虚弱，浑身无力。虽然吃了多种药物，但未见效果。后来他就选用胡萝卜、大米、洋葱、羊肉、油料等食材进行食疗，结果恢复了健康。于是，抓饭被当作"食物之王"

巴扎上的烤包子

流传下来。

馕是民间广泛流传的食物，在巴扎上非常受欢迎。馕是用面粉制成，通过馕坑烤出来的大小、厚薄不同的各种烤饼。从某种程度上来讲，馕坑是维吾尔人最古老的饮食商铺。巴扎日可以看到不少卖馕的摊位。巴扎上的馕形状多样，味道也不一样。在维吾尔人眼里，馕不仅仅是一种食品，还带有崇尚和审美相结合的浓厚的文化意义。馕是农耕生活给予维吾尔人的独特食物，是绿洲人生活里不可缺少的最佳食物之一。

水果也是在巴扎上必不可少的。维吾尔人一般有餐后吃水果的习惯。维吾尔人居住的各个绿洲各种水果接连不断地成熟上市，维吾尔人一年中有近七个月的时间能吃到新鲜水果。所以赶巴扎的人要么买点水果当场就吃，要么带着回家吃。在夏、秋两个季节，巴扎上各种水果非常丰富，

巴扎上的馕

有时候冬天在巴扎也能感受到瓜果的香味。每到瓜熟果红的季节，巴扎上到处都是散发着诱人芳香的瓜果摊。

另外，维吾尔人在绿洲的干旱、炎热、枯燥的气候背景下，创造出了独特的饮料产品，养成了喝饮料的习俗。如多噶甫、咔哒、木塞莱斯、麦扎甫等。其中多噶甫、咔哒主要是以冰块、酸奶、水、蜂蜜为原料制作的，在夏天炎热的巴扎日是最解渴的饮料。

值得注意的是，农村巴扎上正规的餐馆是非常罕见的，因为农牧民不太习惯进餐馆里吃饭，一般是在巴扎上的小吃摊位随便吃点东西，就开始逛巴扎。即便都是和田人，他们在巴扎上的吃法也有所不同。差别最明显的是墨玉人和于田人。墨玉人在巴扎上就餐特别随便，喜欢站着吃或者蹲着长凳子吃，吃饭时不喝茶，而是喝凉水。因此，墨玉县饮食巴扎上，就不太讲究巴扎设施，大部分是露天买卖。于田人特别讲究坐着吃，并喜欢喝热茶。于是，他们的巴扎上固定的饭馆也多，人们喜欢在饭馆里吃。

巴扎是维吾尔餐饮业较为集中的场所，巴扎上的饮食表现出丰富的内涵。在这里，很多人靠餐饮生计来表现饮食的丰富内涵，还有一部分人被维吾尔餐饮的独特风味吸引并把它不断地传递给下一代。维吾尔人在巴扎上的饮食不仅是一种经济交换，而且是一种欣赏、一种欢乐、一种令人心情愉悦的精神需求。值得我们注意的是，在巴扎上的各项交易金额中，饮食业相关的交易额也占一定的比例。另外，有一部分农民会依靠饮食业提高自己的生活收入。

巴扎上从事饮食业的人会在不同的日子出现在不同的巴扎，流动性较强。我在调查中，采访了一位三代以来一直从事烤包子买卖的墨玉人——买买提·明阿供师傅。听他讲，他是他们家族第三代从事这个行业的人。他们在墨玉县的扎瓦乡、阿克萨拉依乡和萨依巴格乡这三个乡的巴扎流动做生意。每个巴扎日他们烤出 25～30 坑包子，一个 2 元。但他们的包子总是供不应求。巴扎上他们的顾客是最多的，无论什么时候去，都有人排队等候。

我第一次在扎瓦巴扎上看到这个情景时，好奇地挤在人群里买了一个，确实特别好吃，我到和田后还是第一次吃到这么好吃的烤包子。在他们店里打工的有十来个人，其中和面与烤包子的人是固定的，其他小工不固定。这些打工者的劳动力特别便宜，大工一天 30 元，小工一天 10 元，明阿供师傅每天管他们吃 3～5 个包子。本来他们星期五要去雅瓦乡巴扎，但上周时有个同行看他们的烤包子巴扎生意好很眼红，把他们的馕坑给砸了，还将他们赶走了。他们在其他地方可能也遇到了这种事，因此，他们现在只去扎瓦乡、阿克萨拉依乡和萨依巴格乡这三个巴扎。虽然他们的店没挂牌子，但人们仍然能辨别出来。我跟老板说："想没

巴扎上的烤肉摊位

想过给店起个名字？"老板听后笑了笑："顾客有眼睛，他们自己能认得出来。"看样子这位老板对自己特别有信心，认为自己的烤包子是最好的。由此可以看出，和田农村人的品牌意识很淡薄。

维吾尔巴扎的饮食习俗中保留着草原游牧生活和农耕定居生活的特点。其中也有现代维吾尔族饮食转型的种种体现。从巴扎上的饮食消费看，农民的收入整体上还是比较低的。巴扎上价格偏低的各种食物能够满足不同收入的农民。农民在巴扎里可以找到适合自己消费的种类繁多的食物。从巴扎上的饮食结构来看，巴扎饮食以传统本地制造为主，以外来加工为辅，食品多具有便于携带、易于食用的特点。维吾尔巴扎上饮食民俗的另一个特点是从吃粗、吃饱向吃细、吃好，从果腹向享受转变。随着农民收入的增加，巴扎的饮食摊位品种和质量也有了相应提高。

2 巴扎上的服饰民俗

服饰是民族文化的象征,是人们审美意识和精神风貌的一种体现。服饰民俗指人们穿戴在身上的服装、饰物及与穿戴有关的各种习俗,它是与人们的生存环境、生活方式、宗教信仰有密切关系的一种民俗现象。

维吾尔族服饰花样绚丽、色彩斑斓、典雅优美,富有浓厚的地域特色和民族特点。从色彩角度看,维吾尔族男性特别喜欢黑白、深绿的服饰,这样显得粗犷奔放。维吾尔族女性对服饰颜色尤为讲究,她们喜欢对比色彩、有线条花样的服饰。男子普遍喜欢外穿袷袢,内着绣有花纹的短衫,戴皮帽,扎腰带,穿皮靴。女子喜着头巾、连衣裙,外套黑色对襟背心,喜戴耳环、手镯、项链等装饰品,姑娘多梳小辫。

维吾尔人赶巴扎时,特别注意着装,尤其是妇女们会特意打扮,穿戴漂亮的服饰。一般年纪大的人特别喜欢穿着传统服装逛巴扎。

从对巴扎的调查情况来看,于田、且末一带的维吾尔人特别讲究着装。从他们穿的服装可以判断出他们的年龄及身份。一般妇女超过40岁,头上常戴白色的头巾,参加喜事、丧事时还在白色头巾上面戴个小帽子,身上穿黑色大衣,很少穿短袷袢和短裙子。白色头巾是女

着装各样的维吾尔人

子不可缺少的嫁妆。听于田人说,以前妇女结婚时还戴白头巾,上面戴花帽。巴扎上的服装最常见的颜色是白色和黑色,男人们穿白色或黑色的短大衣,裤子也跟衣服同一个颜色,上年纪的人头上戴于田地方款式的帽子。这种帽子也不太大,比妇女的大一些,但比别的地方的同类帽子小。老一代倾向于传统服饰,年轻一代则倾向于时尚的现代服饰。

巴扎上可以看到传统鞋匠做出来的各种样式的皮鞋、靴子。维吾尔人穿靴子是传统的习惯,历史久远。维吾尔人的祖先是曾经游牧于高山雪岭、纵横驰骋在广阔的西陲富饶土地上的游牧民族。靴子便于骑射,也是保暖耐寒的"足衣"。如今,鞋靴也是嫁妆中不可或缺的一部分。

在和田各地区农村巴扎，我们还可以看到有人脚上穿着拖鞋逛巴扎。这种现象一方面说明穿拖鞋方便，更重要的原因就是农民的生活贫穷。由于农民收入较低，在农村巴扎从事旧衣服销售的人也很多。虽然巴扎上的新衣服价格不太贵，但是好多人还是喜欢从旧货里挑选自己所需要的衣服。从中我们可以看出，农民的购买能力还是很低的，他们还没有完全脱离贫困。

巴扎已成为服饰展示的重要场地。如今，巴扎上的服饰中现代服装及轻工业加工布料占有的比例日益增加。但维吾尔巴扎的各个角落里仍然可以看到一些传统服饰和制作传统服饰的师傅。巴扎上既然有这么一个服饰种类，肯定有这么一种需求。

特别值得提到的是于田人的服饰，现今于田巴扎上还能找到卖于田人传统服饰的人，而且他们的生意也不错。于田服饰特色主要分布

于田维吾尔人的服饰

在于田县、民丰县、且末县、策勒县的达玛沟乡等地区。最具有特色的是小帽和大衣。乡村巴扎上，维吾尔族的传统服装——手工自制袷袢、连衣裙、于田小帽和大衣，给巴扎增添了浓郁的传统服装色彩。

关于于田妇女穿戴的大衣和小帽，于田、民丰、且末、策勒一带的维吾尔族民间广泛流传着一个传说：古时候，克里亚有一个国王，他有个聪明漂亮的女儿。公主长大以后，邻国王子派遣使者向她求婚。邻国王子的请求被国王和公主拒绝了，愤怒的邻国国王失去理智，对他们国家发起了大规模的袭击，在激烈的战争中双方失去了无数的战士，最终邻国战胜，邻国军杀光了克里亚12岁至72岁的所有男性。但国王和公主不愿意投降。后来，聪明的公主召集国内所有失去男人的妇女们，很快就组成了一个妇女军。公主亲自带领她们训练，教她们战术，并为妇女战士们特意准备制服。做了充分准备后，她们对邻国发起了猛烈的攻击，最终打败了邻国军，为牺牲的男人们报了仇。后来公主坐上了父亲的王位，并制作了专门的小帽，下令国内所有妇女要经常穿大衣和戴小帽。

从巴扎上的服饰结构来看，外地和工业制造的服装越来越多，而民族传统服饰和手工制作出来的服饰越来越少。维吾尔人时尚化的消费观念越来越强了，巴扎为这种消费观念和异质服饰文化的广泛传播提供了便利的场所。现代化纤面料慢慢地取代了维吾尔族传统手工布料。而且随着这种产品在巴扎上的销售量日益增加，逐渐形成了可供选择的面料多元化的一种趋势。从旧衣服集市的活跃情景来看，农牧民们对服装的购买力还是有限的。虽然通过巴扎，维吾尔人服饰民俗发生了巨大的变化，但他们的消费力和购买力还是很低的。对于一些昂贵的、有品牌的服装和装饰品，他们还是无力购买。

从巴扎上服装的色彩来看，男装以黑、蓝、咖啡色为主，其中黑

巴扎上着不同服装的人

色和深黑色是男人们最喜欢的色彩，而女装以大红、绿、天蓝等鲜丽的色彩为主。维吾尔族对红、蓝、绿、黄、白、黑等色彩的喜好与崇尚，不仅表现出维吾尔族独特的审美情趣，也与当地的自然地理和社会人文环境有关系，还与维吾尔族的发展历史、民族文化尤其是宗教信仰密切相关。

3 巴扎上的手工民俗

手工业是指依靠手工劳动进行简单生产加工的行业。手工业是人类第二次社会大分工的必然结果，它以家庭式私有分散生产为主要特点，逐渐脱离农业，具有了独立的个体性质。手工业是一个民族物质文明的表现形式，它不仅是一种简单的造物活动，而且在人们生活等领域也占有一席之地。维吾尔族手工业是绿洲经济的重要组成部分，其历史久、品种多、工艺美、分类细、分布广，在社会经济和人们生活中占有重要地位。

维吾尔巴扎上手工艺品也占重要的地位。巴扎上的各种手工艺品，能够充分显示出维吾尔族工匠们的聪明才智。巴扎街道上摆摊的皮革制品、纺织品、陶瓷、马鞍、玉雕、腰刀、乐器、首饰、帽子、地毯等手工艺品，做工非常精细，散发着浓郁的民族生活气息。

关于地毯，和田民间流传着一个传说：古时候，有一天在玉龙喀什河边出现了一位骑着神马的白头大师，他的马鞍上有色彩绚丽的漂亮毯子。美丽的姑娘格兰姆罕得知这位德高望重的老人的来临，决心向大师学习编毯的巧妙技艺。大师被姑娘的真诚和勤劳所感动，把编毯技艺传授给了她。几年之后，格兰姆罕成了有名的编毯师傅，大师

巴扎上的铜匠

也安心地骑着神马离开了人间。从那以后,格兰姆罕一直勤于编毯并培养了不少的徒弟。后来人们为了纪念格兰姆罕的勤劳品德,便给她编的毯子起名叫"格兰姆"。

维吾尔巴扎上的各个角落里,都会看到帽匠、靴匠及铁匠、铜匠、银匠、木匠、陶匠等。他们长期以来以家庭为主要生产单位,以住宅庭院为手工业生意,以临街的房屋为店铺,进行现做现售的传统手工业生意。维吾尔族手工业者们奔波于巴扎之间,早已习惯早晨携带原料赶路,白天摆摊边做边售边修,晚上回家后全家配合制作的生活方式。

维吾尔巴扎上常见而且最吸引人的一种独特景观就是街道两旁的店铺和临时摊点,那里摆满了工匠们自制的土陶、乐器、金银首饰、铜铁器皿、木质餐具、佩刀、筛箩、地毯、印染布、靴子、帽子等各种手工艺品。当然，如今巴扎上有些工匠的店铺里的传统的手工艺产品已刻上现代商业与现代科技的烙印。

　　工匠们在巴扎上展示亲手制作的工艺品，从而获得一定的经济收入。巴扎上还有专门制造坎土曼、铧、镰刀、斧头、锅、壶、接水盆、小刀等传统铁器、铜器的人。可以说，这些人是民族传统手工业的传承者。农民们来赶巴扎的主要目的之一，就是出售自己家里的剩余农产品和手工业产品，并买回其他生活必需品和生产资料。维吾尔巴扎上的手工业者，绝大多数或多或少与农业保持着联系，他们在农业空闲时间生产的手工业产品，不仅在自家小范围使用，还可以在巴扎上出售。

　　一提到维吾尔族手工业，我们不得不把目光放回喀什噶尔——维吾尔族手工业的摇篮和制作中心之一。喀什噶尔的手工艺品，不仅具有悠久的历史、繁多的品种，还具有独特的民族风格和浓郁的地域特色。巴扎上五颜六色、千姿百态的手工艺品，不仅受到维吾尔族群众和国内游客的喜爱，而且售往东南亚、中西亚、欧洲及美洲等地，在国际市场和旅游资源中享有较高的声誉。

　　维吾尔人的手工业与其民族文化有密切的联系。维吾尔族特有的风俗习惯、饮食、服饰文化等影响着人们的生活，因此人们对手工业产品仍旧保留着巨大的消费需求。这种消费需求的形成不是偶然的，而是需要很长的一个历史过程。巴扎上的手工业与传统生产方式有密切的联系。因为偏远地区的农业生产较落后，农业技术也没有发展，加之生产规模较小等多种因素的限制，在农业地区简单、粗糙、质量一般的传统手工业制作的工具仍然具有广泛的需求空间。

　　巴扎上的一部分手工业产品，随着生产力的发展，可能自然而然地减少或逐渐被淘汰掉。巴扎上的一部分手工业产品正在被现代化、

巴扎上的手工铁器

规模化、机械化生产的产品所代替,还有一部分手工业产品向旅游纪念品方向发展,并继续得以传承。这说明维吾尔族手工艺品不仅具有广泛的使用价值,还具有较高的艺术观赏价值。

4 巴扎上的娱乐民俗

对维吾尔人来说,巴扎也是一种娱乐形式和精神放松的媒介。维吾尔巴扎上有很多的娱乐民俗,维吾尔人在巴扎上的娱乐形式是丰富多彩的,例如说唱艺术、达瓦孜、杂耍、摔跤、斗羊斗鸡、木卡姆、麦西来甫、曲艺歌舞、喝茶、传统赌博、捉迷藏、游艺观光等。

说唱艺术。说唱艺术是维吾尔民间广为流传的一种口头文学形式,民间说唱艺人是说唱艺术的演唱者、传承者、传播者及创新者。巴扎是维吾尔民间说唱艺人展示才华的重要场所之一,维吾尔人把他们称为"达斯坦奇"。民间说唱艺人常在巴扎日演唱各种民间故事、神话传说、战争片段、爱情故事及古代叙事长诗等。维吾尔民间说唱艺人非常善于边弹边唱,他们很快就能吸引巴扎上的很多人,而且,他们所唱的故事幽默滑稽、富有真实感,能体现出人们勤劳勇敢、励志乐观、智慧正义的生活态度,因此在巴扎上非常受欢迎。巴扎上聆听说唱艺人演唱的故事也是维吾尔人,尤其是老一辈的重要娱乐活动之一。

达瓦孜。达瓦孜是维吾尔人世代相传的,具有悠久历史和民族特色的一种传统娱乐项目,民间称为"高空走绳"。达瓦孜艺术的挑战性非常高,达瓦孜艺人靠勇敢的英雄精神在高空绳子上边走边做各种

民间说唱艺人

高难度的动作。巴扎、节日等特殊日子也是达瓦孜艺术表演的重要时机。巴扎上表演的达瓦孜不仅吸引来自四面八方的巴扎游客,还给巴扎增添特殊的娱乐气氛。

关于达瓦孜,维吾尔族民间广泛流传着一个传说:古时候,在一座维吾尔人居住的镇子里出现了一个妖魔,它时常降灾祸给人间,使人间不得安宁。人们想消灭妖魔,但它在空中来去,人们很无奈。有一天,镇子里来了一位名叫吾布里的勇敢青年,他决心杀死妖魔,为民除害。吾布里立起一根根高接云天的粗木柱,木柱间用粗绳索连接。一切准备就绪后,吾布里就等候妖魔的出现。妖魔一出现,他就灵巧地踏索而上,与妖魔展开了殊死搏斗。经过激烈的搏斗,吾布里最后砍掉了妖魔的头,为人民彻底消灭了一个大害。从此以后,达瓦孜便成了勇敢力量的一种象征,同时达瓦孜活动也开始流传并慢慢发展起来。

维吾尔族传统摔跤

摔跤。摔跤是维吾尔族男性比较喜欢的、具有悠久历史的一种传统娱乐项目。摔跤通常在巴扎日或者节日、婚礼、农闲聚会等时间进行。摔跤不仅是维吾尔族男性较量、锻炼、娱乐的重要手段,还是巴扎游客比较喜欢的娱乐方式。一般巴扎上进行的摔跤既自由又随意。胜利者的名字以巴扎为载体,很快就流传到远近的农村社区。喀什、和田、吐鲁番等地区的巴扎上经常会看到各种类型的摔跤活动。

斗鸡斗羊。维吾尔族是从游牧民族向农耕民族转型的少数民族之一,虽然他们早已从游牧转为定居农耕,但至今仍然保留着许多游牧民族特有的风俗习惯,如绿洲维吾尔人喜欢养殖马、牛、羊、鸡等家畜和家禽。因此巴扎上家畜、家禽交易也是非常热闹和活跃的。巴扎上的维吾尔人特别喜欢以家畜、家禽为载体的各种娱乐活动,如斗鸡、斗羊。巴扎上的人们边做生意,边看斗鸡、斗羊比赛,从中得到快乐和愉悦。值得一提的是，巴扎上善斗的鸡、羊虽然价格较高，但非常受欢迎。

随着社会的快速发展，巴扎上传统的娱乐形式越来越少了，反而是影视剧、电子游戏等现代化的娱乐方式逐渐增多。巴扎上的传统娱乐形式的发展空间逐渐缩小，但巴扎上的农民仍然喜欢听民间说唱艺人演唱的精彩故事。说唱艺术的听众中老一辈占有很高的比例，年轻人比较少。从性别角度看男人占绝对数量。随着社会的发展，一些现代化的娱乐方式不断冲击着巴扎，巴扎已成为新兴娱乐方式的传播示范基地。

三 维吾尔巴扎的时空与绿洲文化

1 巴扎的时空

巴扎时间包括赶集的准备、开集、高峰、散集、收尾等。其中开集、高峰、散集是长期以来民间约定俗成的，而准备、收尾主要取决于个体因素，并附属于开集、高峰、散集时间。维吾尔人会为巴扎特意准备，提前安排，保证赶集时间。维吾尔人赶巴扎的常见形式有家庭式、伙伴式、亲戚式、群体式等几种。

在巴扎准备的时间，逛巴扎的人会充分考虑个人的住所与巴扎之间的距离。赶巴扎的每一个人到达巴扎时间有所不同，这取决于商贩的开铺时间和逛巴扎的人的时间。值得注意的是，每个季节巴扎的成交额是不同的，一般夏季、秋季较高，春季、冬季较低，换句话说，一年内 5～11 月份商品交易额基本处在上涨的趋势，集市异常活跃，12 月份至次年 4 月份则集市气势回落，交易额下跌，这显然是与农牧民收入和支付周期有关。除此之外，天气、节假日和是否是旅游旺季也在一定程度上影响着集市的交易动态。每天的上午 10 点到下午 4 点（乌鲁木齐时间，以下同）是集市最热闹的时间，一般集市的绝大部分交易活动是在这个时间内。因此无论农民还是商贩都特别注意抓住这个"黄金时段"来做买卖。一般下午 5 点开始逐渐散集，到下午 6

赶巴扎

点巴扎基本上开始收尾。

　　巴扎是一种具有很强时间性的活动。这种很强的时间性，在不同时间段表现得尤其明显。从宏观的角度来看，形势稳定、社会和谐、人民安居乐业、政府政策优惠等多种因素积极刺激和推动着巴扎的发展。在南疆许多地区天天有巴扎，但不同的时间段巴扎的地点显然是不同的，而且这些巴扎日是轮流的，有些地区也存在一天有两三个巴扎的现象。长期以来巴扎日已经开始固定，如果没有自然灾害、气候变化及其他特殊情况，约定俗成的巴扎日不能随意变动。县城巴扎的时间基本上集中在星期六、星期天，乡村巴扎则在星期一到星期五之间。就这样在一个空间区域内，巴扎日轮换着出现，天天都有巴扎，但地点不同。巴扎的周期排列有一定的规律。乡村巴扎按星期排列，以七天为一轮编排境内集市开始的时间。

一般乡村中往返一日的路程内（以畜力车行程计算）都有一个固定的巴扎。影响乡村巴扎时间分布的重要因素是巴扎的交易主体。在巴扎的商人中有一种说法："只有农民富，我们才能富，不存在没有农民参与的巴扎，农民的今天是我们的明天。"

巴扎的主要交换客体即农民手中剩余的、可以拿出去交换的产品是有限的，而且农民的购买能力也是有限的，如果巴扎的周期太长，某些区域内的供需可能会失去平衡，导致不好的后果。所以巴扎的周期既不能太长，也不能太短，应该正好满足绿洲经济区域内的生产和消费需求，使农民保持一种生产生活资料够用又不过度消费的状态。

维吾尔巴扎不仅是一个经济地域空间，更是一个社会文化空间。绿洲自给自足的农业经济模式及家庭式的生产方式，对技术、数量、工艺、质量的要求并不高，剩余产品也不多，这深刻影响着巴扎的空间规模。这种有限的空间规模自然而然地限制着绿洲人们的消费需求。虽然各个绿洲天天有巴扎，但农牧民不一定也不可能每天都要赶所有巴扎。

巴扎是维吾尔人互通有无、进行交易的重要场所，主要分布在新疆的农业区和半农业区，地处交通沿线的集镇或当地政治、经济、文化的中心地带。从地理环境的视角来看，维吾尔巴扎可

巴扎上的传统农具

分成县城巴扎与乡村巴扎两大类型。一般情况下，县城巴扎跟乡村巴扎相比，规模大一些，赶集人群及成交额多一些。一般巴扎的地理位置是长期以来民间约定俗成的，很少有行政干预，因此巴扎的位置如果没有特殊情况不能随意变动。民间认为巴扎上的位置直接影响着生意的繁盛成败，一般顾客也较认同和熟悉各种商贩的固定摊位。因此，巴扎上经常遇见一些商贩相互抢位置的现象。

巴扎的空间分布在一定程度上受绿洲经济的影响。绿洲经济主要是环绕河流渠道，在以定居农业为主、自给自足的经济基础上发展而来的。如对于南疆最边缘的和田绿洲来说，墨玉县、和田县、洛浦县聚集在一个较大的绿洲之上，于田、策勒两县分别是由两块一大一小的绿洲组成，民丰一个县则包括4个绿洲，皮山县全县分散在50多个小绿洲之上。如此封闭、分散、单一的绿洲自然而然地造成了各绿洲独立存在、单独运行的贸易中心——巴扎。这些分散的绿洲，靠当地巴扎就能互相连接，可以满足物质和精神生活的需要。绿洲经济的封闭性、分散性和单一性既是经济发展缓慢、社会空间相对分散的主要原因之一，又是巴扎存在的重要生态条件之一。

巴扎一般分布于一个区域的中心地带，有的处在县、乡、村的交通枢纽，有的位于乡政府所在地，它们实际上早已成为当地一切经济、文化、社交活动的中心。一般巴扎周围地区人口较集中，集市辐射作用大，商业和物流相对集中。而且许多政府机构和各种服务性活动相对集中于巴扎。这都是利用集市的中心地位，为自己的发展找一个良好的平台。县城巴扎都位于该县城行政、经济、文化中心，农村巴扎也常位于一个农村的中心区域。

巴扎的核心内容是交换，因此商品本身决定着巴扎的分布空间，这种商品指一些地方的特色性商品。换句话说某些地区有无地方特色的巴扎在某种程度上取决于有无那些商品的交易活动。如果没有相应的商品交换或相应的需求，进行专门产品交易的巴扎也无法存在。因此，当地巴扎结合当地实际，充分挖掘传统的优质稀缺产品，争取创造具有品牌可信度的各种产品。比如说，和田地区有专门的地毯、玉石、丝绸等具有和田特色的巴扎。一般情况下，这些巴扎在其他地方较罕见或者地方特色没那么浓厚。在频繁交换当中，人们很快会意识到哪里的什么产品好。自古以来，和田地区以自己的玉石、丝绸、地毯、核桃等特色产品举世闻名。这些特色产品逐渐被分离出一般巴扎，独立形成了一种新的巴扎，即专门以当地特色产品作为交换对象的新兴巴扎。随着人们生活水平的提高，这种巴扎愈来愈吸引广大巴扎爱好者的注意力，吸引追求品质生活的当地人群。在这种巴扎上，一般交易的产品是较单一的，商人们都在卖同一种货，但产品在质量、形态、样式及工艺上有所差别。这种巴扎一般集中在区域中心或商业核心地段，每日开放，有固定交易地点。随着社会的发展，如今有固定商铺的丝绸和地毯巴扎逐渐取代了品种多样的传统巴扎。

在和田地区，玉石巴扎主要集中在玉龙喀什河边上。高档一点的、体积小一点的玉石被商人装到口袋里、拿到手里去卖；低档一点的、体积大一点的被摆在床上或地面上出售。玉石巴扎一般星期六、星期天人会多一些。从这种巴扎上的交易情况来看，城市中心的巴扎愈来愈成为民族特色旅游纪念品的集散地。这表明巴扎的空间分布规律不是一成不变的，它会随着社会生产力的发展、人们购买需求和购买能力的提高逐步发生相应的变化和改进。

维吾尔巴扎大多以一个县城或农村的十字路口为中心，设在尘土飞扬的道路上，以小路街头为中心向四周扩展成一个巴扎区域。巴扎的空间布局由开阔路口、顶棚支架、主副干道、游坐铺摊、布线围栏、

玉石巴扎

固定档口、房屋铺店等构成。

维吾尔巴扎大多是人们约定俗成的自然选择,很少出现行政干预。因此巴扎具备便利的交通条件。从地理环境来看,绝大部分维吾尔巴扎位于一片广阔的平原地带。这些平原地带一般在巴扎日非常热闹,而非巴扎日则人流、物流较少,一般不用特别为巴扎保留闲地。

维吾尔巴扎一般与地区中心、十字路口、马路侧边、集散基地等联系密切。维吾尔巴扎主要是以主副干道为中心,以路街两侧的摆摊为主要布局展开的。无论主干道还是副干道,其交叉地辐射到整个巴扎的各个角落里,其中包含便捷、平整、通畅、安全、明亮等多种空间要素。

维吾尔巴扎的核心内容是交换,而游坐铺摊就是交换的重要基础和基本单位,也是商贩和农民之间发生交换行为的重要桥梁。巴扎上的商贩大部分有固定的铺摊,而且有固定铺摊的商贩经济实力相对来讲较好,也有一定数量的固定顾客群体。巴扎上的绝大部分成交额都是由他们来完成的。游移铺摊是巴扎的一个重要补充力量。游移铺摊在铺摊规模、成交额、顾客数量等方面不能跟固定铺摊竞争,但它在巴扎上还是有一定的生存空间,也是维吾尔巴扎的重要组成部分。

维吾尔巴扎通常靠近或横穿几条道路,随着巴扎的发展,道路沿线建起了坐商的固定房屋。房屋铺店是商店的基础,其特点是天天有人、天天开、天天有生意。

2　巴扎与绿洲文化

绿洲是一种生态地理景观，一般指的是在浩茫无垠的沙漠戈壁中水草繁盛的绿色地带。人们普遍认为荒漠中水源常流、土壤肥沃、灌溉便利、农牧业发达、有人类定居的地方就是绿洲。《辞海》对绿洲是这样解释的：亦称"沃洲"。荒漠中水草丰美、树木滋生、宜于人居住的地方。一般见于河流两岸，泉、井附近以及受高山冰雪融水灌注的山麓地带。绿洲维文为博斯坦（bostan），指有草、树木的绿色地带。其英文为oasis，来源于拉丁语，指沙漠中有草、树木的肥沃地方。绿洲多处于河流两岸及沙漠边缘，气候干燥、烈日炎炎、水源匮乏、风沙狂暴、冷暖多变、生态脆弱，人们必须开渠引水、贮水借用，才能进行农耕和畜牧，保证生存繁衍。

水不仅是旱涝与否的根源，也是绿洲形成和扩展的关键。在沙漠边缘的绿洲主要依靠的是河流水源，凡是河流经过的地方，基本上是绿洲的所在。而新疆的河流水源非常匮乏，主要靠山地降水和高山融化的雪水供给。目前，全疆常年有水河流有300多条，其中较大的河流有伊犁河、额尔齐斯河、叶尔羌河、渭干河、阿克苏河、和田河、克里雅河、乌伦古河、玛纳斯河等，除额尔齐斯河外，均为内陆河。

依靠河流形成的绿洲主要有和田绿洲、喀什噶尔绿洲、阿克苏绿洲、库尔勒绿洲、石河子—克拉玛依绿洲、吐鲁番绿洲、哈密绿洲、伊犁绿洲等。

作为世界第二大沙漠的塔克拉玛干沙漠周围亦有不少绿洲分布,维吾尔人的祖先就在大漠边缘以勤劳智慧开拓出一片片适于人类生存的绿洲,并在这些绿洲上从事农业生产活动,建立起众多的"城郭之国",创造了绿洲农耕文化。在维吾尔人的眼里,绿色不仅代表了树木草地、生命存在,也是他们崇尚和喜好的神圣颜色。因此,维吾尔人从小就重视植树,反对随意砍树、浪费水源,树立了强烈的生态保护意识。

人类在绿洲与沙漠之间的奋斗历史可证明,人类活动对绿洲是把

农村绿洲

双刃剑，它既创造了绿洲历史上的辉煌，但也有可能断送绿洲的未来。在古代，西域的"城郭之国"几乎都是以塔里木盆地边缘的各个绿洲为基础的。古代所谓的西域三十六国，实际上就是在36个较大的绿洲和绿洲集团的基础上形成的36个地方政权而已，并各以一个较大的绿洲城镇为主，建立自己的统治中心和管理机构。

绿洲城镇的主要经济活动是农牧业，绿洲中的维吾尔人依赖自给自足的农牧业来维持生活和发展经济，但总是受到绿洲生态环境的种种约束和限制。后来，随着生产力的发展和社会分工细化，便有了剩余产品和交换活动，从而逐步形成了巴扎，有的出现了城镇的雏形。随着交换在内容和范围上的扩大，巴扎逐步发展为城镇。在过去，驿

绿洲巴扎

就是集，集就是城，城就是国。如今的民丰、于田、和田、皮山、叶城、莎车、疏勒、巴楚、乌什、库车、轮台、焉耆、若羌、尉犁、且末、伊犁、吉木萨尔、吐鲁番、哈密等绿洲城镇在数千年前就已形成或初具雏形，因此它们具有悠久的历史。其中大部分绿洲城镇经历自然界的严酷考验后，延续至今。也有些古城，要么因河流改道、绿洲被沙漠淹没而消失，要么因天灾战乱、人类迁移而沦为一片废墟。

塔克拉玛干大沙漠周边地区的不少古城遗址，都在距现代绿洲城镇不远的沙漠深处。如塔里木盆地尼雅河下游的精绝、克里雅河下游的喀拉墩、罗布泊沿岸的楼兰、车尔臣河下游的古且末、吐鲁番盆地的高昌、天山北麓东段的北庭，它们以前都是人类居住的茂盛绿洲。关于这些沙漠古城，从古到今民间一直流传着不少神秘的神话传说。其中最典型的是：古时候，塔克拉玛干人口密集、房屋相连，甚至人们踩着屋顶就能走到很远很远的地方。有一年，也许是这里的人们得罪了创始者，沙尘从天而降，整整下了七天七夜，一切都埋于沙漠之下，只有那些昼夜不眠、来回走动的人，才有幸活下来。而这些被掩埋于沙漠下的古城里到处都散落着金银财宝。如果有人想带走这些财宝，他们就会受到诅咒并遭到毒蛇的袭击，以致走不出沙漠便倒毙而亡；如果他们当即抛下这些财宝，就安全了。

塔里木盆地周围有着许多断断续续的绿洲。新疆绿洲在地貌上具有高度封闭性，在地域分布上具有高度分散性，在水源供给上具有高度依赖性，在生态上具有高度脆弱性，在经济活动上具有严重单一性，所以千百年来发展相对滞缓。再加上绿洲面积不大、承载力有限、产粮不足等多种原因，绿洲的存在和发展还必须依靠商业往来充实物资。这就大大催化和推动了在绿洲中农、牧、商一体的具有西域风格的综合性场所——巴扎的形成。考古挖掘已证实，新疆最早的城郭主要分

巴扎上的牲畜

布在水草繁茂的古绿洲上。因此，可以断言，绿洲是新疆城镇的发源地，城镇是依托绿洲而发展的。巴扎就是新疆绿洲城镇的基础和雏形。

　　集市贸易在新疆绿洲的发展及经济社会中起着不可低估的作用。巴扎既是小城镇、小城市的基础，又是经济的一种高效催化剂。从巴扎—集镇—城镇—城市的发展规律看，新疆绿洲社会的发展在很大程度上取决于以巴扎为主要媒介的多种经济因素的刺激和推动。

3 巴扎的建筑

建筑是建筑物与构筑物的总称,是人们为了满足社会生活需要,利用所掌握的物质技术手段,并运用一定的科学规律、建筑理念、界线意识和美学法则所创造的人工环境。巴扎建筑是维吾尔人用传统的泥土、砖、瓦、石材、木材及近代的钢筋混凝土等建筑材料建成的一种供人做生意和摆摊使用的空间。

维吾尔巴扎建筑非常简陋,巴扎建筑的基本格局是一条窄街加两旁简陋的木棍店铺,店铺一般以布线形式形成围栏和界线。由于维吾尔族巴扎交易量不大,一般不讲究巴扎的外在形式,建筑非常简单,少有居民住宅式的房屋,巴扎的建设很多是等到巴扎形成一定规模之后,由小商贩为了商业利益来完成的。有的地方也有巴扎的相关管理部门统一建立起来的建筑,但是这种建设设施并不多。城市巴扎设施相对规范,比较繁华,商品齐全。农村巴扎一般是以乡镇为单位构成,位于集镇以及城市郊区的巴扎有一定的市场设施(天棚、店铺等),再小一些的乡村巴扎一般比较原始,保留着一种自然形成状态,典型的乡村巴扎以街道两旁作为主要的交易场所。

白杨树是维吾尔巴扎中常见的树木,是维吾尔巴扎中一道独特的

树下的蔬菜巴扎

景观。巴扎的内部甚至周围的各个大街小巷都可以见到姿态各异的白杨树。一方面白杨树的树荫夏天可以防暑,另一方面白杨树沿路沿铺地生长,给巴扎增添了一抹抹的绿洲色彩。有的巴扎的顶棚、摊位、布线、档地(停放地)都是以白杨树为支撑点而展开的。

　　维吾尔巴扎上弥漫着色彩鲜艳、大小不一的各种顶棚支架。维吾尔巴扎是绿洲生态的产物,而作为绿洲的主要特点,干旱酷热、风尘沙暴的气候环境始终困扰着绿洲巴扎,因此顶棚支架已成为维吾尔巴扎必不可少的一种空间标志物。巴扎上的顶棚支架不仅具有遮阳蔽日、挡雨遮尘的功能,而且还担负着商铺之间的划界定位职能。巴扎上的顾客群体通过各种各样的顶棚支架,也容易找到并进入店面商铺。顶棚支架最早是由木杆手工制作的,如今工业机械制作的顶棚支架也越

巴扎上的顶棚支架

来越受到巴扎商贩的青睐。

布线围栏是维吾尔巴扎商贩者们特有的商铺布局形式，也是巴扎铺摊中的主要边界划分单元。巴扎上的各个铺摊以布线形成一排紧挨着的、长长的"围栏房"。色彩鲜艳、布局多样的布线围栏因其灵活便捷、容易安装的特点，在巴扎商贩中广为使用。

房屋铺店是维吾尔巴扎周围沿路形成的固定商房，一般房屋前方是铺店，后方是居所。其中部分房屋店铺从事现做现卖的生意。在巴扎的各条街道上，根据商品种类的不同，商铺建设和装修也有所不同。一般服装、食物、鞋子和其他一些小商品摊位建设得稍微正规一些，甚至有些摊位是用各种颜色布料和草棚简单地铺盖起来的。除了这些正规的商铺以外，巴扎的大部分交易活动基本上在露天的空地进行。

三　维吾尔巴扎的时空与绿洲文化

巴扎商铺

巴扎日的巴扎到处是人,人们喧闹着、叫嚷着,非常热闹。大部分巴扎没有设置大门,巴扎的各个角落都是巴扎的出入口。每到一个固定的巴扎日,农民从四面八方赶到巴扎进行商品交易。看起来,巴扎的简陋建筑根本没有影响到逛巴扎的人们的情绪和巴扎商贩的生意。

4 巴扎的交通工具

交通运输在人类社会发展和文化交流中，占有十分重要的地位。维吾尔族居住的各个绿洲周围多是戈壁沙漠，因此交通运输在人们日常生活中就显得极其重要。维吾尔巴扎的传统交通工具主要包括毛驴、骆驼、马、牛及配套的各种木轮车。

毛驴。时至今日，毛驴以与其他大牲畜相比价格便宜、耐粗饲料、很少生病、体力强健、轻便实用的优点，成了维吾尔族农民的主要交通工具。毛驴是维吾尔族农村数量最多的牲畜，它不仅是维吾尔族农民农业生产最常用的生产工具，也是农民赶巴扎常用的交通工具。在和田农村我常看见一辆辆毛驴车上坐着一家人，放着几只羊和瓜果谷物等物品，奔跑如飞赶巴扎的特色景象。除了毛驴车外，还有马车，但数量不多。这种现象一方面是由于和田农民贫穷，另一方面很可能与上文我们所说的毛驴的优势有关。

骆驼。骆驼是沙漠绿洲中最好的交通工具。维吾尔人使用骆驼运输货物和接送旅客的历史是比较长的。古代的玉石之路、丝绸之路上的绝大部分运输任务都由骆驼及由骆驼组成的商队来完成。虽然现在人们使用骆驼运输的比例逐渐减少，但维吾尔巴扎依然保留了一些与

巴扎上的毛驴车

骆驼有关的买卖。

马和牛。作为畜牧业和草原文化的重要标志之一，马在生活及战争中起着重要作用。绿洲维吾尔人本身也特别喜欢养马、驯马、骑马，马文化对维吾尔人经济观念及交通运输始终有着非常深刻的影响。牛最早使用在农业生产中，后来逐渐成为维吾尔族交通运输的重要工具之一。维吾尔巴扎上偶尔也可见到骑牛赶巴扎或用牛拉车驮运的独特景观。与马相比，牛在维吾尔巴扎交通中使用的比例没那么高，但也有部分维吾尔人仍然喜欢坐上牛车赶巴扎。

如今的维吾尔巴扎，除了毛驴、骆驼、马、牛及配套的各种木轮车等传统交通工具以外，开始出现了一些自行车、三轮车及电动车、摩托车、大中巴甚至私家车等现代化的交通工具。无论是传统的畜力

巴扎上的马、驴

交通工具,还是现代的交通工具,都承担着巴扎运输的任务。一般巴扎内的交通运输,毛驴车的使用率比较高,有些毛驴车上虽然没注明所跑路线,但它们一般都在巴扎附近来回跑,而且价钱便宜,这些为当地人熟知。尤其是在墨玉县,这种毛驴车更是常见。在墨玉县这种交通工具的运费是5角到1元,在皮山县和于田县,无论你去哪里都收1元。但是从目前的情况来看,很多农村家庭赶巴扎还是用自家的毛驴木轮车。

现在维吾尔巴扎上除毛驴车、马车、三轮摩托车外,也可以看到各类型拖拉机、面包车,甚至一些小轿车。有些农民家庭也购买了私家车。农村维吾尔人也逐渐体会到了现代交通工具的便利。

固自档地是广泛流传在维吾尔巴扎的停放交通工具的处所。赶巴扎的农民商贩都有各种不同的交通工具，它们需要停放。维吾尔人把在巴扎上从事档地职业的人称为"档奇"。维吾尔巴扎的档地分为两种，一种是有专门人看管的固定档地，还有一种是在巴扎周围不影响交通和人流的空闲地自由形成的档地。前者是收费的，后者则是免费的，来巴扎的各种群体根据需要选择适合自己的档地。

和田的巴扎上从事这行业的人有许多大牲畜房，专门给赶巴扎的人存放交通工具。维吾尔族农民把它叫做档，意思就是巴扎日存放畜车的地方。档的主人叫做"档奇"，人们往往在从事这行业的人名字后面自然而然地加上"档奇"这个词，如买买提档奇。

和田地区每个巴扎都有这些专门为赶巴扎的农民存放马车、毛驴车的地方，但有的农民则将驴车、马车专门放在道路旁。到了巴扎散

巴扎的档

市后,马车、毛驴车排队在路上行驶,成为一大景观。只要看到成排成行的马车、毛驴车,就不难猜测该地今天是巴扎日了。档奇按畜车数收存放费,存放费也不多,一般是1元至2元,五六年前只收5角。虽然这些钱不是很多,但是它已成为这些档奇们经济收入的主要来源之一。

四 维吾尔巴扎与社会形态

1　巴扎与政治经济

巴扎虽然是农民自发组成的，没有政府组织的行为，但它的交易主体是人，具有社会属性。因此，巴扎往往受到政治经济、宗教信仰、商业道德、社会文化等多方面影响。

政治权力在不同程度上影响了巴扎，并适当参与了巴扎的运转调控。如我国20世纪50年代末期和"文革"时期，巴扎曾被当作"资本主义尾巴"，遭到强行关闭，给农牧业带来巨大的损失。1978年党的十一届三中全会公报指出："集市贸易是社会主义经济的必要补充部分，任何人不得乱加干涉。"1979年9月，党的十一届四中全会通过的《中央关于加快农业发展若干问题的决定》又指出："农村集市贸易是社会主义经济的附属和补充，不能当作资本主义尾巴批判。"其要求做到"活而不乱、管而不死"。中共十一届三中全会后，巴扎得到迅速恢复和健康发展。可见国家一旦采取宽松的政策，巴扎贸易便会在一定程度上得到发展，反之则否。另外，国家常常通过行政税收等管理手段干预巴扎活动。如规定什么产品可以上市；什么人不准入市；哪些交易不准在室外进行；哪些产品只能由国家专卖；等等。同时，国家通过法律、法规规定开办、合并、迁移、关闭巴扎。政治制度对巴扎的发展具有推动或制约作用。各类政治制度和相关法律政策也通过巴扎得以体现。如果没有制度或相关的规范体系,巴扎就无法正常运转。

巴扎是相对自由的一种市场形式,各种经济主体自主参与巴扎活动,获取相应的经济利益,从而争取生存和发展的机会。巴扎的繁盛及活跃在一定程度上取决于社会经济环境。经济状况直接影响巴扎的贸易规则和商业秩序。

从直接目的上看,巴扎是个经济场所;从功能上看,巴扎又是一个文化场所。在许多文化与经济关系的研究当中,人们往往将文化视

库车乌恰农贸巴扎

为狭义的概念,因此,人们非常强调经济基础对文化这一上层建筑的决定作用。巴扎满足维吾尔人的物质需要和精神需要,而经济活动则主要是从物质上满足人们的需要。虽然物质的需要似乎是较低层次的,但正是这种经济活动促使人们产生更高的文化需求。因此,巴扎与经济的关系是密切的,经济发展是巴扎发展的基础,巴扎的发展是经济发展的反映。巴扎是体现农民收入水平的一个重要场所。因为农民的收入状况直接影响到维吾尔巴扎的发展水平和经营状况,所以农民手中如果有钱,巴扎贸易也开始活跃,农民手中如果没钱,会直接导致巴扎贸易的衰落。

对于绿洲而言,在几千年的历史长河中,自给自足的自然经济一直占主导地位,但人们的需求毕竟是多样的、永久的。巴扎贸易对自然经济的补充性功能主要体现在两个方面:一是促进了经济的交流。人们通过其补缺泄余,互通有无,使城市经济繁荣活跃。二是促进生产的交流。随着生产力的发展,越来越多的新产品在巴扎上出现,也开阔了人们的视野。巴扎的经营者从别人的产品类型与制作技巧中得到启迪和提高。这对于产品的推陈出新,对于生产的发展,乃至对于社会的进步均有莫大的助推作用。

巴扎贸易是沟通绿洲各地之间、人与人之间经济联系的重要纽带,它不仅提高了维吾尔人的经济意识,促进了其他各种产业的发展,还大大缩短了城乡之间的差距,推动了市镇建设,促进了乡村市镇化、市镇城市化的发展。巴扎作为交换载体,一方面,为当地农产品外销创造了便利条件,另一方面也为外地必需品转往内销提供了场地。在巴扎日,农民卖出手中的农副产品,增加了收入。这样,农民不断扩大增加收入的途径,拥有了更多提高收入的机会。

另外,巴扎也能够合理配置农副资源,促进社会生产力的发展。

巴扎上的西瓜

巴扎上的民族手工艺品

生产力的发展程度如何，对巴扎贸易有着直接或间接的影响。以服装巴扎为例，以前生产力水平低时，现成衣服成本高，价格自然也高，农民几乎不买现成的衣服，而是自己买料子定做衣服穿。随着生产力的发展，现在农村巴扎到处都是现成的衣服，而且有的价格比自己买料子做的还便宜。于是，现在卖现成衣服的巴扎很活跃。

巴扎还促使一部分人从单一的农业中分离出来，从事手工业、工商业活动或其他服务业，一定程度上促进了经济发展，推动了一些具有地域特色、民族特色的巴扎的形成并促进其相关产品的生产和销售。巴扎的需求，从某种意义上，影响着部分地区特色产品的生产和销售。巴扎辐射力较强，其对周围地区产业结构的调整起到一定的推进作用。

2 巴扎与宗教信仰

宗教既是一种世界观和人生态度，又是一种社会行为准则，因而它必然对人们的经济态度和经济行为发生影响。维吾尔族先民曾信仰过萨满教、祆教、摩尼教、佛教、景教、伊斯兰教等宗教。这些宗教在其历史发展过程中，都对维吾尔族的生活产生了或大或小的影响。有些已经陆续消失了的宗教在维吾尔族人的生活中留下了自己的痕迹，而任何宗教都没有像伊斯兰教那样对维吾尔族人的生活产生了如此大的影响。从巴扎调查的情况来看，伊斯兰教对巴扎的影响是非常深刻的。

维吾尔族信奉伊斯兰教以后，凡是不符合伊斯兰教法的食物和物品均被列入不能卖的范围。《古兰经》说："禁止你们吃自死物、血液、猪肉，以及诵非真主而自宰杀的、勒死的、捶死的、抵死的、野兽吃剩的动物——但宰后才死的、仍然可吃——禁忌你们吃在神石上宰杀的"，"信道的人们啊！饮酒赌博、拜像、求签，只是一种秽行，只是恶魔的行为，故当远离，以便你们成功"。《圣训》认为，凡是致醉的饮料都是禁物，使用麻醉品皆犯禁。饮食麻醉品者，后世必饮火狱之徒的浓汁。按照这个准则，不可食的动物的肉、酒类都严禁买卖。这些属于宗教范畴的行为逐渐被世俗化，成为维吾尔族的生活习俗。

所以，在巴扎上除了卖菜的以外，其他饮食类巴扎上做买卖的大都是维吾尔族人，还有少量的回族商人。

维吾尔族的《经商经》就是以此为内容的。据《经商经》载："经商中有九件事是不合法的：放高利贷；侵吞别人的存物；在欠债者家中吃饭；抢夺孤儿的财产；买卖中说谎；乱调秤；以真主的名义发誓；将定好价钱的商品高价出售；发假誓。"这些内容都是按照《古兰经》及《圣训》来制定的。下面摘引一些记载："真主准许买卖，而禁止重利"，"奉至仁至慈的真主之名。伤哉！称量不公平的人们"。伊斯兰教通过上述经典，来指导人们的行为，保证巴扎有序发展。

伊斯兰教自有的一些宗教行为也为农民经济收入的增加提供了便利。对此，我们下面以清真寺为例进行分析。清真寺是穆斯林礼拜的场所。乃玛孜（礼拜）是伊斯兰教的"五功"之一，包括每日五次礼拜、每周一次居玛乃玛孜（聚礼）、每年两次会礼。对穆斯林来讲，礼拜成为他们生活中的一项重要内容，一天的五次礼拜被安排到一天的不同时间段，要求男人们去清真寺礼拜，妇女们可以在家里礼拜。每个县城中央都有一个加曼清真寺（做聚礼和会礼的清真寺），每个星期五中午和两个节假日早晨男人们纷纷赶往这里。一般的加曼清真寺在此时做礼拜的人数可上千甚至上万。所以加曼清真寺周围已经形成了一些大小不一的巴扎。人们在进行聚礼前后，在巴扎上参加交易。因此，聚礼成为一个较重要的交际和商品交易的日子。清真寺对一些乡村巴扎的形成也起过一定的作用。伊斯兰教提倡正确的经商观念，清真寺与集市的并存就是伊斯兰教"经商、信教"文化传统的生动表现。伊斯兰教"'经商、信教'的文化传统潜移默化地影响了一代又一代穆斯林，使得他们不断追求'两世吉庆'的生存目标。清真寺与集市的并存则最大程度地兼顾了穆斯林神性与俗性的诉求。即在清真寺完

清真寺前面的巴扎（一）

清真寺前面的巴扎（二）

成拜功的穆斯林随即赶往集市经商，寺与市并存便成为穆斯林聚居区的基本要件。

以墨玉县托胡拉乡巴扎的形成为例。很多年以前的一个星期五，人们从路边的清真寺做礼拜出来，看见一个人手里拿着两只鸡站在清真寺前。有一个人问他："卖不卖鸡？"手里拿着鸡的人说："卖。"于是这笔鸡的生意就算成了。从此这个乡被称为"托乎拉"（维吾尔语的意思是鸡），人们也开始习惯每个星期五在这清真寺前做买卖。后来有些人在这里开饭馆和馕房，就这样在这里形成了一个巴扎。

伊斯兰教从来不排斥商业，而且始终鼓励人们经商，因为圣人说靠自己的劳动挣来的食物最好。因此，清真寺为人们提供巴扎的场地。一般清真寺的下层或附属性建筑中，有许多房屋被出租给个体工商户经商。除了加曼清真寺外，还有麻扎（陵园）清真寺也以自己特有的魅力吸引着人们，有的因此形成巴扎，促进经济发展。麻扎清真寺多作为附属建筑设在麻扎内。麻扎是维吾尔族心目中的神圣之地，其地位不亚于伊斯兰教圣地麦加，是不可玷污的宗教活动场所。

墨玉县萨依巴格乡巴扎就是一个典型的因麻扎清真寺所形成的巴扎。萨依巴格乡有个很大的清真寺，附近有个麻扎叫"伊玛目艾皮塔尔"，这个巴扎借用麻扎的名称就叫"伊玛目艾皮塔尔巴扎"。每个星期五来这里做居玛乃玛孜的人有10000人左右，一年的两个会礼将近有15000人来此。除了这些人以外，还有在伊斯兰教的巴拉提节（回历8月1日至15日）从和田地区其他县城，喀什、阿克苏等地来的人。在其他乡村，巴扎一般都位于乡村中心或人群最集中的地方，但是这个乡由于在伊玛目艾皮塔尔麻扎朝拜的人多，所以巴扎处在陵园所在的较偏僻的地方。

他们中午在清真寺做完聚礼后，大部分先到圣人麻扎祈祷，然后

四　维吾尔巴扎与社会形态 | 75

巴扎边上的麻扎

聚在一起念经或听圣人们的故事等。这些活动下午5点左右才结束。有时候伊玛目（领拜人）带领一两个人在这里组织人们为清真寺捐款。人们中午按伊斯兰教教义进行穆斯林的活动，但一解散，就开始朝拜麻扎。这些人以为自己是虔诚的穆斯林，但是朝拜麻扎是伊斯兰教禁止的事。伊斯兰教是一神教，认为除唯一的神真主以外，别无神灵，且反对任何人和物的崇拜。但是麻扎朝拜作为一种客观现象仍然存在。这种麻扎通过巴扎吸引越来越多的人加入自己的队伍。有些麻扎变成了人们打破日常生活框架、尽情娱乐的场所，如阔库玛日木麻扎是典型的娱乐、朝拜相结合的麻扎。

在每年的8月至9月初的阔库玛日木麻扎的活动期间，人们习惯于每星期四来这里朝拜麻扎，因此星期四自然而然地变成他们的巴扎日。这个巴扎跟其他巴扎不同，除了在渠边卖烤包子、烤鸡蛋、面肺子和水果的几个商贩和几家饭馆以外,没有其他摊贩。人们来这里的目的并不是商品交易,而是朝拜麻扎和娱乐。在麻扎活动中人们进行摔跤比赛、说唱等丰富多彩的文体活动。这里专门有个名叫"赛赫瓦利姆"的摔跤场。

据采访所知,这个摔跤场是1997年吾不力艾山和阿塔吾拉等人建立的。听吾不力艾山介绍说,每个星期四下午在这里举行的摔跤比赛,选手都是自愿上场,有时候还请来一些喀什、阿克苏等相邻地区的选手进行比赛。门票为一人5元钱,这些收入一部分用作这里的管理费,一部分作为奖金发给选手,还有一部分上缴县体委。这些选手们大都没经过专门的训练,比赛全都以传统方式进行。每个星期四,最少也有7000人到场看比赛。我第一次去的那天正在下雨,但比赛仍在进行当中。这个场地是露天的,也没有什么可供遮挡的东西,人们

摔跤场

把能找到的塑料袋当成雨伞顶起来，根本不在乎下雨。据管理员说，当天冒着雨看比赛的将近有3000人。

第二个星期，我又去了，那天天气晴朗，来的人特别多。而且这些观众们也很慷慨。每场比赛结束后，有些观众也往这些赢了的选手手里塞钱，少的有10元，多的也有百元。那天，我亲眼看到了一个选手得到2000元奖金。

巴扎上的活动井井有条。人们这一天一大早陆续而来，先上山。山上有个山谷，山谷上层有位苏皮（宗教人士）坐着，来的人先给苏皮讲述自己的来历，给苏皮一些钱（钱数根据自己的情况而定，苏皮不会跟你讨价），苏皮然后为这个来祈求的人做杜阿（祈祷）。这个麻扎现在被列为县级文物保护区，县文化局专门派人管理这里。来这里的人们有的在朝拜麻扎，有的在欣赏大自然，有的在听口头艺人讲述的故事。口头艺人讲的大部分是伊斯兰教宗教人士的事迹，还有宗教历史，有时候讲述道德，教人们怎么做人。每一场讲完后，艺人请大家施舍，收完钱后，跟大家一块做杜阿。可见，巴扎上的收入成了苏皮和这些民间艺人的生活来源。下午人们到摔跤场去看比赛。因为路远、交通不便，大家等到下午比赛结束就必须回去。说实话，如果交通方便，天不黑的话，谁也不想离开这个地方。

我在回去的路上，坐在电动三轮车上，有幸认识了三个摔跤迷兄弟，他们年龄都在50岁以上，都是农民。听他们讲，5年来每年的8月至9月初，这三兄弟每个星期四都到这里来，上午上山游览，下午看比赛，所以他们专门租这辆车，三轮车师傅这些年来一直接他们来这里，然后再送他们回家。他们说到自己感受时的状态，很难用语言形容。

总之，麻扎这个宗教圣地变成了人们打破平日生活框架，尽情

阔库玛日木石窟

娱乐的场所。其他地方已经消失了的传统体育活动和民间口头艺术在这里通过巴扎表现出自己的生命力。维吾尔族的巴扎活动总是跟他们的信仰朝拜活动相结合,利用宗教提供的有利条件,不断地充实壮大。

3 巴扎与商业道德

经商是一种世代相传的习俗,维吾尔人具有经商、重商、崇商的传统。维吾尔族的经商意识可以说是在巴扎中树立起来的。巴扎特殊的环境有利于维吾尔人创业精神的发挥和心理素质的提高。在维吾尔人的眼里,巴扎既是精神支柱,又是物质保障。可见,巴扎对维吾尔人的思想和行为产生了深刻的影响。巴扎上的农民、手工业者、商贩之间已存在明显的分化并已形成了历史悠久、根深蒂固的一系列商业习俗。新疆的维吾尔族人素以善经商著称,在历史上就有关于他们经商才能的描述。

巴扎上做生意的商人特别注意自己的语言行为,注重保护口头承诺的真实性和可靠性。和田地区巴扎商贩叫卖时,用专门的语言来吸引逛巴扎的农民们的注意力。如非常甜蜜的瓜、蜂蜜般的桃子、烤的公羊肉、冰寒的水、用油做的烤包子等。巴扎上的叫卖声既有文学特性,又简练有趣。生动形象的叫卖声潜移默化地刺激顾客的消费需求。一般巴扎日这些商人出门前会做祈祷,希望真主安拉给予自己更多的生意机会。巴扎日的许多事都是以上帝之名开始的。早上去了巴扎以后,首先要做的事就是打扫卫生。他们特别重视开张生意,开张生意时卖主一般不会太吝啬，顾客也不会过多地讨价还价，在他们眼里，开张生意的成败直接关系到一整天生意的好坏。他们认为开张生意做不好，这一天可能就没生意了，因此第一个来的顾客给出的价格只要接近本钱，他们就不会让顾客走，宁可在这单生意上不赚钱，也要把东西卖出去。

在和田巴扎上顾客第一次问物价时，商人会用特别温柔的语言请顾客先自己说价，顾客如果请他先说时，商人才会告诉他物品的价格。如果顾客说得太低，商人也不会生气，说请让他再加一点。双方协商后，卖者把物品递给买者，然后说"请您收下"。顾客把钱非常礼貌地递给卖者，当顾客也对他说"请收下吧"时，商人才会伸出双手（右手在前，左手稍微在后），低着头、躬着上身拿钱，再对顾客说"谢谢，请满意"，这时顾客也对商人说"您也满意吧，希望上帝给您好生意"，

畜牧巴扎一角

商人对他说"如需要什么东西，下次再来吧，上帝保佑"。双方彼此做行礼以后这笔生意就算结束了。他们从讨价还价到生意成交为止彼此都是这么客气，这种现象在其他地方是罕见的。

巴扎上还有一种人叫做"背地克"，背地克是维吾尔巴扎的中间经纪人。他们非常熟悉巴扎行情，能正确推测巴扎各种物价状况，他们在买卖双方之间作物价调整。这种人并无可卖之物，而是凭其经验和口才，协助买卖双方，起一种说和的作用，并从中获取酬金。这种人在牲畜巴扎上较常见。他们一般一个巴扎日最少也能赚到10至20块钱酬金，如果卖出的是大牲畜（牛、马、驴、骆驼等），赚的钱可能会再多一些。

维吾尔巴扎还有很多与伊斯兰教有关的商业习俗。现今的巴扎里都可以看到宗教对商业习俗留下来的深刻影响。伊斯兰教经典对穆斯林从事商业的原则的规定，大致概括为以下几个方面：公平交易，先知曾禁止以抚摸和投掷确定买卖的做法。强调等价交换、互惠交易，伊斯兰教教法中禁止称量不公平。巴扎日严禁在路上进行偷偷摸摸的交易。

现在的和田巴扎有恰拉克等度量单位。在巴扎上购买某些物品如瓜子、大麦、玉米时，使用恰拉克这种单位。在于田县1恰拉克等于17斤，在墨玉县、策勒县1恰拉克等于18斤，在皮山县1恰拉克等于20斤。虽然这些地方都属于同一个地区，但恰拉克所代表的重量有差别，其原因是值得考虑的问题。我在调查中，问了好多人，但得不到答案。这些问题我将在以后的研究中进一步探索。在和田巴扎上购买蔬菜、肉时，使用秤，以斤为计量单位。还有，购买鸡蛋、核桃时数数，数数时多用整数，如5块钱几个鸡蛋、500个核桃多少钱等。

巴扎上的这些商人没有记账的习惯，所以他们不数钱就不知道自

传统称量工具

己挣了多少钱。他们一般不在店里数钱,而是等到晚上回家后再和家里人一块数钱。你别以为他们挣农民的钱很容易。这些农民买东西时,尤其是衣服,总是带几个人一起来挑选。他们选衣服好像自己没有主见,总是喜欢挑邻居或者朋友穿过的款式和颜色,根本不考虑自己穿这件好不好看。选好衣服后,他们开始砍价,砍价时,商人喜欢说整数,如30、50、100等,顾客喜欢说零数,如23、58等。一般巴扎上的新衣服价钱都不贵,都在农民们能接受的范围内,开价和实际卖价差别不大。

维吾尔族具有悠久的经商历史。维吾尔语有一些涉及经商的古词至今广泛流传并普遍使用,从中也可以看出维吾尔商业的悠久历史,如"卡尔万",其含义就是各地走动做生意的人。据历史记载,在鄂

巴扎上的接送习俗

尔浑回鹘汗国时期，回鹘与中原的贸易来往十分频繁。许多商人常驻今西安、开封等大都市，组织较大的骆驼队进行内、外贸易。

维吾尔人有经商、重商、崇商的传统，已形成了有关商业道德、商业准则等方面的一系列习俗。《经商经》就是以此为主要内容的维吾尔族古典文献之一，其包括维吾尔先民的商业操作规程、商业道德、生意准则、经商禁止事项、行业起源的传说以及祈祷词等方方面面的内容，有助于我们了解维吾尔巴扎商业习俗。

在维吾尔巴扎商业习俗中，伊斯兰教的影响较浓厚，而且这些商业习俗对集市商贸活动的影响也较大。如做买卖公平、诚信、不骗顾客、收益要适当、报价时说实话等。另外，伊斯兰教对买卖的物品范围也有明确的规定。凡是不可食用和不可使用的物品被列入不能买卖

年老的女商人

的范围。因此,猪、自死动物的肉、烟酒等物品在巴扎上严禁买卖。维吾尔社会里巴扎与清真寺并存,做生意的商贩特别注意拜功的时间,时间一到,巴扎商贩就立刻停止商业活动,前往清真寺履行教徒的神圣职责,根本不为那时耽误的生意发愁。从这一点可以看出,对维吾尔人来说,商业与信仰是并存且融为一体的。因此,巴扎不是以纯粹的利益关系为主要目的的商业活动。

4 巴扎与社会文化

社会文化是与广大群众生产和生活实际紧密相连，由群众创造和继承，具有地域民族或群体特征，并对社会全体成员施加广泛影响的各种文化现象和文化活动的总称。文化，指社会成员共享的价值、信仰和对世界的认识，他们用文化解释经验、发起行为，而且文化也反映在他们的行为之中。社会文化不仅能够提高人民群众的生活质量，满足广大人民群众的文化需求，还能保障基层群众的基本文化权益，从而促进人们相互了解和培养群体归属感。

维吾尔先民从草原文化转型为农业文明的时间较长，但从来就没有放弃畜牧业，而是将畜牧业作为绿洲农业的主要补充，形成了一种自给自足的耕牧相结合的经济模式。草原民族特有的流动性以及古代东西交通咽喉地带的地缘优势，使维吾尔族人的商贸意识相当强，使他们成为丝绸之路的主要凿空拓荒者之一；而维吾尔族人特有的精细性格又使维吾尔族人的园林业、饮食业和手工业相对发达，并形成了独具魅力的巴扎文化。

巴扎不仅是绿洲维吾尔人的一种生活方式，还是共享经济文化活动的一个社会空间。巴扎是维吾尔人掌握各种社会信息，了解周围世

路边的巴扎

界,提升自己的重要窗口。维吾尔全体社会成员从小就喜欢巴扎并有经常逛巴扎的习惯,所以他们人人都有很强的巴扎概念。热闹非凡的巴扎,塑造了他们精于商贸之道的民族性格。绿洲人们喜欢巴扎,不光是出于交换买卖的需要,也是出于精神上的追求。在维吾尔人的眼里,巴扎是绿洲人的游艺场、人流集聚地、商品集散地、风土人情的展示地。巴扎是商业大学堂,绿洲生活博物馆,社交娱乐大会,消息传播中心,同时也是商人的淘金宝地,农民的消费天地,卖艺女谋生的平台,儿童们的游乐场,手艺人的展示台,恋人们的约会处……在新疆,巴扎无处不在,无所不包。

维吾尔人的经济生活和社会交往离不开巴扎这个经济文化场所。维吾尔人几乎可以称为典型的"巴扎狂""巴扎迷"。因为对维吾尔人,尤其是农民来说,他们就喜欢去巴扎,有钱没钱去巴扎,有事没

热闹的巴扎

事去巴扎,欢天喜地去巴扎,心绪烦闷去巴扎,排忧解愁去巴扎……这些对于维吾尔人来说不仅是一种常规事件,更是一种精神寄托。因此"不逛巴扎不算维吾尔人,不懂巴扎不算维吾尔人"这句话也有一定的道理。

  维吾尔族形成的生活方式和保留的文化传统,都不同程度地与其生存的绿洲有关。在新疆的一些地方,一个绿洲就是一个乡,甚至一个小绿洲就是一个自然村,而各个绿洲之间是沙漠和戈壁。生活在绿洲的人们在巴扎上不仅能交换物质产品,而且也得到了精神满足。维吾尔人通过巴扎,形成对周围其他人生活方式的认同并增强对自己所属群体生活方式的深刻认识,从而使绿洲各地人在具体生活方式上的差别得到有效地调整和统一。

  巴扎在延续着本民族文化的同时,也在进行着异质文化的传播。这里所说的接受异质文化全都是人们自愿的。这说明了异质文化与民

相逢在巴扎

族传统文化两者之间不是相互对立的，而是能相互融合，这种融合悄悄改变着人们传统的审美情趣和精神风貌，并让他们民族传统的生活方式充满了浓郁的现代气息。可以说巴扎是传承民族传统文化、接触异质文化的重要场所。

巴扎贸易对于形成民族经济共同体、增强民族凝聚力、促进民族团结等方面也有积极作用。对绿洲维吾尔人来说，巴扎成了他们进一步了解民族文化的重要窗口。值得注意的是，巴扎上的民间说唱、民间游戏等各种群众性娱乐形式使得民族成员尤其是下一代对民族传统文化的认识增强。巴扎是维吾尔人维系民族文化共同体的重要桥梁。总之，巴扎是维吾尔社会文化中的一种独特的生活方式。巴扎像其他社会文化现象一样，在不断的循环往复中得到群体的认同而保存下来，并成为群体社会文化的一种标志和象征。

五 维吾尔巴扎的发展前景

1 巴扎的基本特征

巴扎历史悠久，具有一般集市贸易的共同特点，但它在排列周期、交易内容、交易方法、交易主体、管理方式等方面，都具有鲜明的维吾尔族绿洲经济和绿洲文化的特色，与维吾尔族社会生活的方方面面密切相关。

巴扎的主体

与其他层次的群体相比，农民赶巴扎频率较高，因此维吾尔巴扎主要交易主体是农民。赶巴扎的农民大多数来自巴扎周边地区，相对而言这里具有较长的赶巴扎历史，这里的人具有丰富的巴扎经验。虽然农民收入水平较低，但这阻挡不了他们对巴扎的热情，他们把巴扎视为一种精神寄托。

每逢巴扎日农民们一大早就开始准备，全家人高兴地赶着小毛驴车上路，拉着家里的各种多余的产品到巴扎上来售卖。巴扎的主体除了农民以外，其次是手工业者，余下是个体商贩。实际上，在农村，手工业者本身也是农民，他们的生产多数是在农闲时进行。另外，还

巴扎上的农民们

巴扎上的铁艺品

有一部分商贩,他们大多数居住在巴扎附近的农村,家里也有土地。这些商贩根据自己的情况选择要去的巴扎。从专业结构来看,在巴扎的商贩中大多数是以商业为副业的农民,少数是以商业为主业的商贩。在工匠中,大多数是以手工业为副业的农民,少量是以手工业为主业来维持生活的。他们大多住在乡里,耕种着一定数量的土地。由于自给自足的绿洲经济依然占着优势,他们还不可能完全脱离农业依靠手工业或商业谋生。值得注意的是,目前,维吾尔巴扎主体中妇女的数量日益增加,她们在巴扎活动中起着越来越重要的作用。

巴扎的大部分商品按照分类布局,摊位一个连着一个,形成长的、交叉的形状。巴扎的主要结构如下:工匠有铁匠、木匠、染匠、鞋匠、帽子匠、织布匠、成衣匠、制革匠、毡匠、银匠、剃头匠、铜壶匠等;商贩有杂货贩、布贩、面粉贩、干果贩、旧货贩等。

巴扎的交易内容

巴扎上用于交换的产品基本上是农民自产自销的农产品和手工业产品,还有一部分是商贩提供的杂货。从数量上讲,农产品占绝大多数。从用途来讲,这些农产品中大部分是农民为了自己需要而生产的,并不是为了市场销售,这些农产品之所以参加交易,是因为农民家庭中有剩余产品。也有少量是农民有意识地为了交换而生产的。巴扎上的手工业产品,绝大部分是生产者利用农闲时间,使用简陋的工具,采用本地原料,在家庭成员的共同协作下,作为副业而生产的。这些产品一般由生产者(农民)自己拿到巴扎上去销售。过去因为巴扎上的农民习惯了本地产品,所以巴扎上外地的货物极少。随着生活水平的提高和交通运输的发展,这种情况逐渐开始有所变化。从对和田巴

巴扎上的马车配饰及零件

格其巴扎的调查中发现，有位巴基斯坦商人在当地的巴扎日销售巴基斯坦的化妆品和一些首饰，价钱也不贵，很多农民非常喜欢。

巴扎的交易地点

人类最早的交换方式当然是初级的物物交换。"人类的这种早期交易最初并没有固定的时间和固定的地点，只有随着分工的深化，有了更多的剩余产品，交换变得更为经常，出现了固定时间和固定场所的交换，最初的'市''市场'便形成了。"维吾尔巴扎的交易地点是比较固定的，一般不能随意变动。巴扎的商贩们有自己固定的商铺，老顾客也比较认同固定的交易地点。从宏观的角度来看，巴扎上的部分商贩和他们销售的产品显得比较乱,但是对大部分产品商铺是有所分类的,具有比较固定的交易空间和地点。

巴扎的交易方式

巴扎交易在很大程度上是集中表现各种社会关系的一个平台。巴扎上的社会关系大致可以分为亲属关系、熟人关系、顾商关系等几种类型。这些社会关系在巴扎交易方式中的首选性和亲和力从前者到后者开始逐渐减弱,同时受着以血缘、婚缘、友缘、族缘、地缘、客缘为主的多种内外因素的影响。巴扎的各种商品交易中隐藏着维吾尔人长期以来形成的一些独特的交易习惯。如熟人生意,多让利益;找伙伴,

巴扎上的传统交易习俗

近亲属；买不买，看看无所谓；买卖不成，情谊仍在；钱不够，先拿走；没现金，下次给；秤上不假，亏本不怕；虽是生意，互惠不忘；等等。目前在维吾尔族巴扎上存在如下三种商品交换方式：

第一，物物交换。在这种交换中，劳动者用自己的产品直接交换自己所需要的劳动产品，没有任何间接手段，双方在自愿条件下进行，交换后产品直接进入消费阶段。

这种较原始的交换方式，在维吾尔巴扎上依然存在，但不常见。农民把自己手中的剩余产品，拿到巴扎上换取自己所需要的东西。如有些农民赶巴扎时，手里顺便拿几个鸡蛋或其他剩余的物品，他们把自己的东西随便拿到一个卖凉粉的摊子上或者卖烤包子的摊子上，直接换成食物。甚至有些农民在巴扎上与人约定好下一个巴扎日把自己家里的东西拿过来互换。

交换模型：物品—物品

第二，随着交换的日益频繁，逐渐出现了以货币为媒介的交换方式。这种交换方式分两个阶段进行。第一步，人们先把东西卖掉，把物品换成货币。第二步，用货币购买自己所需要的物品。这种交换方式，在维吾尔巴扎上比较常见。

交换模型：物品—货币—物品

第三，还有一种交换以物品为手段，从买开始，以卖结束，出钱买东西的目的是为了挣更多的钱。这些人无论是在巴扎内，还是在赶往巴扎的路上，都忙着从农民手里购买物品，然后再卖出得到利润。有些人甚至自己提前预测巴扎行情，他们在购买东西前找好顾客，然后把当日买回来的东西当日卖出去。

交换模型：货币—物品—货币

这些人总是扰乱巴扎秩序，本来人们能从农民手里买到便宜的东西，可是东西一到这些人手里就涨价，巴扎的物价在某种程度上被这些人哄抬。现在这些人在巴扎上利用这种交换方式从中谋取利益，维持生计。政府需要从根本上治理这种倒卖现象。

巴扎的分类

第一，按星期分的周期性巴扎。维吾尔巴扎一般分为对先拜巴扎（星期一巴扎）、赛先拜巴扎（星期二巴扎）、恰先拜巴扎（星期三巴扎）、排先拜巴扎（星期四巴扎）、阿孜尼（居马）巴扎（星期五巴扎）、先拜巴扎（星期六巴扎）、也克先拜巴扎（星期日巴扎）。

第二，按空间分布分为城市巴扎和乡村巴扎两类。

第三，按交易内容分的各类巴扎。长时间的巴扎活动形成了明确

木材巴扎

的交易内容和人员分工,从而交易主体也按照行业集中程度,分门别类,划行归市。在这一点上巴扎分工特别讲究,如卖土陶的不会往衣料摊位边凑。热闹非凡的和田大巴扎也分为日用工业品巴扎、粮油巴扎、干鲜果巴扎、肉蛋禽巴扎、手工业品巴扎、皮货巴扎、服装巴扎、丝绸巴扎、鞋子巴扎、帽子巴扎、地毯巴扎、农业工具巴扎、裁缝巴扎、旧货巴扎、木材巴扎、染料巴扎、家用电器巴扎、被褥巴扎、补鞋巴扎、食盐巴扎、饮食巴扎等30余类。

巴扎的命名

巴扎的命名按其经营内容、开集日期、地缘特征,大体上可分为如下三类:

第一,以经营产品的名称命名的。如库那克巴扎(玉米集市)、亚格巴扎(食油集市)、土玛克巴扎(帽子集市)、艾德莱斯巴扎(丝绸集市)等。

第二,以开集日期命名的。如对先拜巴扎(星期一巴扎)、赛先拜巴扎(星期二巴扎)等。

第三,反映当地特征的命名。以皮山县综合边境贸易市场为例,有些人把这个巴扎称为英巴扎(新兴的集市),有些人称为崖巴扎(地理位置低的集市)。这种称呼出现的原因可能与它的建立时间和所处地理位置有关。

随着时间的流逝,许多巴扎名称早已失去了其原始的内涵和意义,有的则演变为现今的村庄、街道名称或地片名。一些大一点的农村巴扎集中起来,形成了综合巴扎,如喀什的"东门大巴扎"、乌鲁木齐的"国际大巴扎"。

库木仕巴扎

巴扎的旅游

旅游是一种由于对异质文化感兴趣而引发的社会行为。维吾尔巴扎之所以具有很大的旅游开发潜力,是因为维吾尔巴扎不仅仅是经济交流场所,而且是一种具有浓厚地方特色的文化场所。维吾尔巴扎独特的文化资源是巴扎旅游的吸引力所在。

维吾尔巴扎分布上的多样性和时间上的规律性,使得维吾尔族聚居的地方形成了天天有巴扎的局面,今天这里是巴扎日,明天那里是巴扎日。维吾尔巴扎的这种特性,为开发并发展旅游业提供了物质保障。这些巴扎的地方特色较为浓郁,如果与旅游相结合,可以促进地方经济的发展。通过旅游巴扎,农民的市场经济意识有了明显提高,

巴扎上的外国人

农民开始懂得充分利用当地旅游资源和自身优势，走上旅游致富道路。

一般到和田来旅游的人们都非常喜欢到当地的巴扎去体验异质文化的独特。如在和田中心巴扎、墨玉县城巴扎和于田县城巴扎等经常可以看到从内地或国外来的游客兴高采烈地观览或以极大的兴趣买东西的景象。这些游客特别感兴趣的是当地的土特产品或者一些独特的物品。巴扎上的农民如果有幸遇到外地来的游客的话，可能会把物品的价格报高一点，这也是可以理解的，因为在他们的眼里，如果游客在巴扎上喜欢上一个东西且非买不可，会愿意多拿出一些钱。夏天和秋天到和田地区各个巴扎上游览的人较多，冬天和春天较少。

巴扎的周期性

维吾尔巴扎的周期的形成可以说是一个从不定期到定期的过程。维吾尔巴扎通常为定期性贸易。各地巴扎日虽不一样，但都相对稳定，有一定规律，群众容易牢记。随着城市化步伐的加快，虽然固定的商场、百货超市取代了部分县城巴扎，但是星期天的定期巴扎照常存在，农牧民和群众还是喜欢在星期天赶县城巴扎。从巴扎的形成来说，哪里人多，哪里就有巴扎。起初三四个人凑在一起，在马路上摆摊，其他人也习惯在这里买东西，那这里自然而然地就形成一个巴扎。这种巴扎分布得特别分散，到处都有。但是，按周期排列的巴扎都集中到固定地点。长时间的巴扎活动形成了巴扎明确的交易内容分工，从而交易主体也按照行业集中程度分门别类，但是这些分类出来的巴扎都集中在一个场所，便于农牧民交换与消费。巴扎还有广泛性、综合性、传统性、专业性、自发性等特点，因为篇幅的关系，我在这里不对它们进行一一论述和分析。

2 巴扎的社会功能

巴扎是一个重要的交易场所,是传统农牧产品和民间手工艺品交换的一个平台。在漫长的历史发展过程中,维吾尔人通过巴扎交换商品、互通有无、调剂余缺。在维吾尔人生活中,巴扎又是一个集行政、教育、医疗、文化、信息、社交、服务等功能于一体的地方。巴扎服务农民生活,扩大商品流通,引导农业生产,繁荣农村经济,促进劳动力转移,增加财政收入,已成为小城镇形成与建设的重要组成部分。维吾尔巴扎不仅具有丰富的内涵,还有众多社会功能。

巴扎的交换功能

维吾尔巴扎不仅仅是维吾尔人进行经济交换的场所,而且还是城乡各地各层次群体之间经济联系的重要纽带。维吾尔人通过巴扎出售农副产品,获取生活必需品。我们知道,在广大农村,农民生产了自己所需的重要的大部分的东西,但这并不意味着他们除了这些东西以外,不需要其他东西。

生活在绿洲中的农民,虽然习惯了自成体系的那种生活方式,但不是所有的生产与生活必需品都能自己生产出来,农民们也不可能生

巴扎一角

产出所需要的全部东西，因此他们最终不得不到巴扎上去寻得所需的东西。基于这种社会分工，必然会产生乡内与乡外之间的交换。乡村里的农民们通常依赖巴扎进行交换，巴扎的繁荣一定程度上促进了区域之间的交流。巴扎中的社会群体为了共同的生存和发展，自然会要求其成员必须遵守某一行为准则来保护自己的利益。比如各成员之间发生冲突或矛盾时，巴扎必须能够通过自身调控来规范市场，化解各群体之间的矛盾。巴扎中的行为、产品、价格、消费者和商人的需求也在巴扎上得以充分规范化。

巴扎的传播功能

巴扎在农村是信息传播的重要场所。人们在巴扎上可以得到关于人生的知识和来自周围世界的各种信息,在巴扎上人们相互传播农业经验,交流生活感悟。从这个角度来讲,对维吾尔人来说,逛巴扎就是逛世界。巴扎因而成为人们获取信息的重要场所。因为新疆农村土地广,人们居住分散,加之绿洲的封闭性,生活相对来讲单调枯燥。农牧民获得外来信息的渠道是非常有限的。他们有时候确实没时间去了解自身以外的世界。在巴扎日,他们除了收获物品还获取了来自各方面的信息。同时到巴扎做生意的一些小商贩也了解到关于农牧民需求的各种信息。

巴基斯坦商人在巴扎上展示新品

再说，巴扎是展示一些新产品、新款式的一个好平台。在巴扎日一旦出现一些新产品，就会引起广大农牧民的注意，在此基础上有些新产品很快就能风靡一时。通过巴扎了解一定量的社会信息是农村维吾尔人民获取信息的一个重要渠道。他们相信在巴扎可以打听各种消息，获取新闻和了解其他新事物。

巴扎的娱乐功能

巴扎是维吾尔人获取精神解脱的重要地方，因此逛巴扎成为维吾尔人的一种娱乐方式。在巴扎上可以看到闲逛的人较多，买东西的人

民间说唱艺人

较少的现象，这是因为很多人来巴扎的目的就是寻求一种快乐。所以巴扎的各街道都是走动着、说笑着的人，那场面热闹非凡。新疆绿洲地广人稀，人与人之间交流少，生活枯燥乏味。但是在绿洲中生活的维吾尔人又天生地热爱生活、追求美好快乐、重视精神需求，他们能歌善舞，耐不住寂寞，就到巴扎上来寻求精神放松、愉悦和满足。在巴扎上老老少少、男男女女等不同的人群都能找到适合自己的娱乐方式。巴扎是维吾尔人重要的交际场所和休闲场所。

巴扎的教育功能

维吾尔巴扎是培养人，尤其是青少年的综合性场所。巴扎对参与

巴扎上的孩子

其中的群体及他们的行为有着潜移默化的规范和教育功能。巴扎的交换活动，不仅遵守一定的规律，还蕴含着丰富的经验智慧。所以，巴扎不但教育商人，还教育消费者和闲逛的人，尤其是跟随前辈到巴扎的青少年，可以让他们从中学到一些商业技巧和处世道理。

巴扎在很大程度上已成为农民了解外界的一个窗口，也是他们锻炼观察、分析能力的绝佳阵地。在巴扎上维吾尔人不但进行商品交换，满足生活生产需求，而且放松了自己，丰富了生活内涵，提高了生活水平。

总之，维吾尔人的经济生活和社会交往离不开巴扎这个经济文化场所。维吾尔人几乎都可以称为典型的"巴扎狂""巴扎迷"，这一点都不夸张。因为对维吾尔人，尤其是农民来说，他们就喜欢去巴扎，去巴扎已成为一种生活习惯、一种精神寄托。

巴扎的社交功能

巴扎是公众进行社会交往的重要场所。对维吾尔农民来说，每逢巴扎日赶巴扎已成为一件平常的事，也是一种重要的生活习惯。从某种意义来讲，维吾尔人在巴扎上可以得到精神的放松、愉悦和满足。从规模来讲，巴扎是农村最大的社交场所。维吾尔人赶巴扎，既是为了生计需要而参与物资交易活动，同时也是参与一项广泛的社交活动。巴扎各个街道都挤满了人，仔细观察，巴扎上的大多数人好像根本没事儿干，但每个人都觉得非来逛逛不可。对农村维吾尔人来说，这里是会见亲朋好友、联络感情的好场地，也是商量家庭事宜的好地点。巴扎促进了农民之间的经验交流、情感联络。农民借着逛巴扎的机会，看望亲戚朋友，增强彼此之间的感情，从而产生一定的认同感、归属

人们在巴扎上交流

巴扎上的小聚会

感和凝聚力。

维吾尔人特别喜欢在巴扎中访亲问友、聊天叙旧、打听消息，他们通过在巴扎中的互动交流，获得一种精神、情感和心理上的满足。逛巴扎的人总是喜欢三五成群地坐在一起聊天，他们之间有的人相互认识，但也有相互不认识的。一般一些新产品或者一些新闻是引起他们的兴趣并使他们坐下来一起闲谈的重要原因之一。

由于多种原因长时间没见面的一些熟人，也在巴扎日随便找个角落聊一聊自己的家事，说一说自己的想法。通过与人交流，丰富自己的人生阅历。有些青年男女在巴扎上互相认识，表达爱情，结为连理。可以说巴扎是农村维吾尔族人进行社交最理想的场所。每个人在这里都能找到适合自己的社交空间，从而得到精神上的愉悦、放松和满足。

3　巴扎存在的问题

长期以来，巴扎是维吾尔人进行商品交换、丰富精神生活的重要场所。巴扎在提高农业生产、增加农民收入、繁荣农贸市场、传递商品信息等各个方面一直发挥着积极的作用，但巴扎的基础建设、管理、场地、产品种类、产品质量、产品供应、环境等很多方面也存在着不少的问题。如巴扎的农产品流通不畅、市场发育不健全、结构布局不科学、商品供应结构不合理、管理水平落后等。维吾尔巴扎多数处于自由发展状态，尚未进行划行归市，巴扎上各种产品容易混合，巴扎秩序较混乱，监管体制较薄弱，消防安保、救护措施不到位，商品种类不全，缺档、断档较严重。大部分维吾尔农村巴扎的交易半径小，辐射力度不强，服务设施不足，交易量不大，难以实现规模经济及区域带动。

巴扎的环境问题

巴扎在空间上分布于塔里木河流域的各个绿洲，基本上没有真正意义上的建筑物，大部分摊位都是露天摆卖，日晒雨淋，有的巴扎人群拥挤，环境较差。巴扎上的"骑路"生意阻塞交通，个别甚至导致严重的混乱。大部分巴扎位于平原的空地，上面未装覆盖物，下面没铺砖石。一遇到刮风的天气，再加上人的走动，整个巴扎尘土满天飞，这给巴扎的贸易，尤其是给饮食摊位带来诸多不便。

另外，农村地区的维吾尔巴扎尚未形成货物寄存、住宿、照明、排水、信息公布等公共服务。巴扎的排污处理、垃圾收集不到位，会影响巴扎的整体面貌，有时会造成"脏、乱、差"的现象，严重阻碍巴扎的健康发展。

虽然和田地区巴扎内及巴扎周围有不少树木绿草，但和田天气恶劣，几乎每个星期都会出现沙尘天气，因此，光依靠少数的树木绿草是远远不够的。巴扎的环境改善，尤其是基础设施的建设需要有关部门的重视和加大投入。因此，提高农民收入，加快农村发展，首先必

巴扎的简陋

须建设好巴扎,发挥其作为经济发展桥梁的作用。

巴扎的产品质量问题

巴扎,尤其是农村巴扎上的产品质量一直存在着一系列问题。目前农村巴扎已成为假冒伪劣商品、鱼目混珠的保健品蔓延和扩散的地方。消费者在巴扎上遇到产品过期、欺行霸市、强买强卖、缺斤短两等情况时,法律权益难以得到保护。另外,因为农村人口分散、农民购买力水平较低、巴扎监管薄弱等原因,巴扎上贩卖假药、销售过期产品和劣质产品等行为也是常见的。农民缺乏辨别能力,容易在巴扎上上当受骗。不少产品过于注重价格和销售数量,反而不太重视产品

保健品摊位

质量,这在某种程度上损害了消费者的利益。

巴扎的食品安全问题

巴扎的食品安全是值得关注的一个问题,巴扎一度成为劣质食品蔓延的灾区。巴扎上的食品中的添加剂和人工色素滥用情况比较严重而且缺乏监管。巴扎摊铺上的很多食品都没有明确标注成分、生产日期、保质期等各种必要信息。巴扎上现场制作和出售的食品,在卫生方面也存在着许多或大或小的问题。巴扎上的食品安全隐患令人担忧,再说很多农民和孩子根本就不知道问题食品会给身体健康带来不可低估的伤害。

巴扎上的食品摊位

布料巴扎

移动摊位上的石榴

巴扎的管理问题

巴扎是在自然经济的基础上自由形成的,作为维吾尔人一种集体活动的公共场所,巴扎也需要管理和规范。在巴扎形成的漫长的历史过程中,维吾尔人也重视管理和规范巴扎。过去有过专门负责管理巴扎的人员,这些人在民间被称作"巴扎伯克"。巴扎伯克始终负责巴扎的组织、配置、管理、调节、规范等各种事务。

由于监管力度不足、场地紧张等多种原因,巴扎上经常出现随意设摊、占道经营等现象。调查发现,过去一段时间里确实存在着管理责任不明的现象,发生问题后,找不到具体管理巴扎的部门,这就难以避免一些乱收费、多收费的现象存在。据有关人员叙述,最早政府设有专门管理巴扎的部门,后来,这个工作转交给工商所。因为工商

巴扎的收费标准

所任务重，管理范围广，有时候就顾不上巴扎的管理。最近几年来，巴扎管理机构从工商部门分离出来，在各地成立了巴扎管理的独立机构。巴扎管理部门的主要任务是分配巴扎摊位，根据上级部门的安排布置场地，收取相关管理费用，调解巴扎大小纠纷，保证巴扎商贸的安全、健康运行。维吾尔巴扎根据摊位的大小和交易的活跃性，其收费标准、方式有所不同。

巴扎的运作问题

从巴扎上的交易内容我们可以大致判断巴扎的层次结构、产品质量和消费规模等一系列的情况。维吾尔巴扎受传统生产方式、产品层次结构和消费需求等多种因素的制约。

以和田地区各地巴扎为例，当地巴扎经营的商品种类并不多，由于当地的消费水平也不高，购买力也不是很高。从交易的情况来看，巴扎上基本上没有高档的产品。和田地区的经济在很大程度上受自然条件的影响。绿洲的封闭性、分散性导致了绿洲经济的单一性和生产水平的落后性。作为巴扎的主体，和田农民的生产技术水平较低。这种粗糙的传统生产方式决定了生产的产品在一定程度上也基本保留着原始状态。即使有部分进行了加工，但这种加工一般是家庭作坊式的粗加工，巴扎上的产品主要仍以原料形式出售。有些农产品尤其是瓜果由于种种原因，在还没出售之前，就已腐烂变质，失去其经济效益。因此，我们应该使传统经济生产模式向现代化生产模式转变，努力打造现代化的巴扎，并保障农产品流通的顺畅。

4　巴扎的发展前景

维吾尔巴扎上的大多数产品与农耕保持着一定的联系。由于当地农牧生产较落后、生产规模较小等多种因素的限制，在农牧地区简单、粗糙的传统生产工具仍然存在，并在巴扎上成为常销产品。另外，维吾尔族独有的生产方式、生活习俗、饮食方式、服饰文化等对巴扎产品仍旧产生着较大的影响。在这些需求的带动下，巴扎的存在有力地促进社会分工的细化，使手工业、餐饮业、服装业、园艺业逐渐独立出来，同时大大丰富了绿洲农牧经济的产业结构和社会结构，而且造就了一定规模的职业商人，形成了绿洲社会经济文化丰富和多元化的局面。

影响巴扎发展的主要因素

巴扎是一个动态性的大系统，具有丰富的经济商贸和社会文化内涵。巴扎发展始终受着自然环境、交通运输、政治环境、经济状况、社会习俗、生活方式、人口数量、思想观念等多种因素的制约和影响。社会发展是巴扎发展的基础。经济的发展和繁荣，往往是巴扎发展和

巴扎上的手工艺品

繁荣的基础。社会发展对巴扎的影响大致可概括为以下几个方面：

第一，社会生产力发展。社会生产力的发展直接影响到巴扎贸易。生产力水平不仅仅是社会发展的标志性要素，也是推动巴扎发展的内在动力之一。任何一种巴扎都经历着由无到有、由小到大、由简单到复杂、由低级到高级的漫长历史过程。从某种意义上来讲，生产力发展的水平，决定着社会生产方式的状况。生产力发展对巴扎贸易产生的经济效益主要表现为老产品的消失与新产品的出现，从而生产关系上也发生了本质的变化。随着生产力的发展，巴扎上的一些老式产品**逐渐被新产品代替**。因此与该产品有关的，包括生产者、出售者、消费者在内的众多受益者在某种程度上受此影响。适应市场和时代发展的人会找到属于自己的生存空间，否则就失去生存空间，面临淘汰。新产品的出现就标志着新需求的开端，而老产品的消失就标志着把属于自己的空间腾给新产品。

第二,社会制度。巴扎发展始终受着社会制度的制约。社会制度对巴扎的影响具有双重性。稳定的政治制度、优越的经济体制和良好的文化宗教背景将为巴扎贸易的发展奠定坚实的基础。反之,社会动乱、经济体制僵化、文化环境落后,巴扎贸易也将面临严重的危机与衰退。从中不难看出政治、经济、文化环境在巴扎贸易发展中的重大作用。

第三,思想观念。人的思想观念对人的行为有着非常重要的影响。思想观念,在某种程度上决定着人的行为,决定着人是否购买某种商品。换句话说,人的生产方式、消费观念等方面发生的变化,最终导致巴扎上一些产品的变化。在巴扎贸易中,消费观念也是决定产品存在、创新与发展的重要因素之一。

粮食巴扎一条街

变迁中的巴扎

巴扎的变迁

　　巴扎不是始终不变的。它在经营主体、交换对象、交换方式、购销途径和环境设施等方面随时都可能发生变化。随着社会的发展和城镇化建设的稳步推进,巴扎的经济性逐渐增强,而其传统的社会性及娱乐性逐渐减弱。维吾尔族生活方式和经济模式发生的变化,在某种意义上推动了巴扎贸易的演变过程。

　　第一,巴扎由封闭型向开放型发展的趋势。由于新疆地理环境的特殊性,以前巴扎上的产品大多数是以本地产销为主,经营规模极小,主要以绿洲为单元运作,其区域性、封闭性特别强。随着交通发展与信息传播的加快,现在的巴扎贸易则向跨绿洲、跨区域方向发展,其经营规模也越来越广了。传统的露天行商的临时巴扎开始逐渐退出市场，有固定房屋商铺的坐商楼层在巴扎上发展起来。

第二，巴扎由单一性向多元性发展的趋势。现在的巴扎已不再只是互通有无、调剂余缺的交易场所。在巴扎贸易产生的早期，虽然其自给自足、互通有无、调剂余缺的功能占较大的比例，但现在巴扎贸易逐渐向商业型市场发展，以往的商品品种单一，以农副产品和手工业品为主，现在巴扎的商品发生了巨大的变化。现在巴扎的商品品种繁多，商户与消费者直接进行交易，交易的自由性增强，商品结构向综合性方向发展。巴扎上工业品、大宗商品及加工品占据越来越大的比重，各种产品在巴扎上平等竞争、共同存在、共同交易、共同发展。随着产品结构的调整，巴扎贸易人员的结构层次也发生了相应的变化，如今的巴扎上职业的商贩比重越来越大，并且逛巴扎的人群中开始出现大量的城市居民和外来游客。同时，活跃繁荣的巴扎为农村的剩余劳动力提供了许多就业岗位和发展机遇。

第三，集市由零售为主向批发和零售兼营方向发展的趋势。以前的巴扎，由于消费主体购买力、地理环境、产品规模、消费水平、产品资金等多种因素的限制，其经营方式主要以零售为主，基本无法形成大规模的批发和批零兼营的经营方式。现在出现了规模大一点的巴扎向规模小一点的巴扎批发商品的现象。例如从整个和田地区来讲，和田大巴扎在各县城和有些农村巴扎的经营中扮演着批发商的重要角色。

巴扎的存在与绿洲经济中的传统生产方式存在必然联系。随着生产方式的发展与城市化步伐的加快，带有浓厚传统风味的街头摆摊式巴扎存在的空间越来越小了，它们被纷纷建立的固定市场、百货超市、平价超市慢慢取代。大规模生产，不同程度上将会激活传统巴扎的发展步伐，使巴扎规模越来越大，空间越来越集中，功能显著增多，与人们生活的联系越来越紧密，并促使传统巴扎商品在质量上显著提高，最终实现由传统绿洲耕牧型巴扎向现代工业型巴扎的转变。

根据调查，我得出的结论是：巴扎数量不会大幅度增加，但经营容量会不断扩大并向多层次多元化方向发展。巴扎群体会不断增加，经营品种日益丰富，成交额不断提高。随着城市化进程的加快，不少农村巴扎逐渐被城镇的百货商店、连锁商店、超级市场、购物中心、平价超市等所取代，有些巴扎面临其产品结构的更新，还有一部分巴扎仍然会存在并保留其特色。下面分别分析巴扎将来的发展趋势：

第一，临近城市的小型巴扎，在不久的将来可能会消失。随着城市面积的扩大，生产力的提高，交通状况的发展，一些小型巴扎会被县城巴扎或大型商场超市所代替。农民、商人、手工业者都会走向规模大一点儿的城市巴扎，试图寻找更多的商贸机会。大型的城市巴扎

巴扎上的零售产品

以多种多样的优势,吸引周边地区的更多人参与巴扎商贸。

第二,县城巴扎的产品结构基本上向工业品、旅游纪念品、土特产品方向发展。根据调查,县城和地区中心的巴扎上传统风味越来越淡薄,农产品越来越少。生产方式、产品结构上发生的变化直接影响到巴扎未来的发展趋势。巴扎上的有些产品,如果长时间无人问津或者被新产品取代的话,这种产品将会消失。而后依靠本产品维持生计的一些人要么失业,要么转移到其他行业。值得注意的是,新产品或新需求的出现,也给巴扎带来一定的活力。

第三,在传统生产方式仍旧保留的偏远地区巴扎仍具有生存和发展的空间。和田地区的经济活动相对封闭,并且以绿洲为单元形成了一些相对独立的经济小区。这些经济小区由于有荒漠、戈壁漫布外围,其生产、交换、分配、消费活动,大都是在绿洲内部进行。但随着农

传统的马驴车配具巴扎

业产业化步伐的加快，巴扎上商品流通随之逐渐通畅，农民收入的不断增加等一系列因素对传统巴扎的冲击就越来越大。在此背景下，传统巴扎的社会功能开始减弱，其经济辐射力反而加强。总而言之，包括维吾尔巴扎在内的传统集贸市场都无法避免受到现代生产方式的影响，但在一些偏远地区的传统巴扎仍然会发挥自己的重要作用。

参考文献

著作类

1. 穆相林，等. 新疆民族贸易[M]. 北京：中国商业出版社，1993.

2. 钟兴永. 中国集市贸易发展简史[M]. 成都：成都科技大学出版社，1996.

3. 曹红. 维吾尔族生活方式[M]. 北京：中央民族大学出版社，1999.

4. 任一飞，等. 中国少数民族现状与发展调查研究：维吾尔族卷（墨玉县）[M]. 北京：民族出版社，1999.

5. 阿不都热扎克·铁木尔. 新疆少数民族传统经济生产方式研究[M]. 乌鲁木齐：新疆人民出版社，2005.

6. 程万里. 新疆巴扎[M]. 乌鲁木齐：新疆人民出版社，2001.

7. 达吾提·沙吾提. 新疆市场发展概况[M]. 维文版. 乌鲁木齐：新疆人民出版社，2001.

8. 钟敬文. 民俗学概论[M]. 上海：上海文艺出版社，1998.

9. 阿不都克里木·热合曼. 维吾尔民俗学概论[M]. 乌鲁木齐：新疆大学出版社，1987.

10. 阿不都热依木·艾比布拉. 维吾尔族风俗志[M]. 维文版. 乌鲁木齐：新疆人民出版社，1993.

11. 阿不都克里木·热合曼，等. 维吾尔族习俗[M]. 维文版. 乌鲁木齐：新疆青少年出版社，1996.

12. 钱云，等. 新疆绿洲[M]. 乌鲁木齐：新疆人民出版社，1999.

13. 刘志霄. 维吾尔族历史：上编[M]. 维文版. 北京：民族出版社，1987.

14. 李吟屏. 佛国于阗[M]. 维文版. 艾白都拉，译. 乌鲁木齐：新疆人民出版社，1995.

15. 李吟屏. 和田春秋[M]. 乌鲁木齐：新疆人民出版社，2006.

16. 李吟屏. 和田考古记[M]. 乌鲁木齐：新疆人民出版社，2006.

17. 新疆《和田简史》编纂委员会. 和田简史[M]. 郑州：中州古籍出版社，2002.

18. 阿合买提·苏来曼. 鄂尔浑回鹘汗国简史[M] 维文版. 乌鲁木齐：新疆人民出版社，2005.

19. 刘甲金，等. 绿洲经济论[M]. 乌鲁木齐：新疆人民出版社，1995.

20. 贾合甫·米尔扎汗，魏萼. 新疆民族经济文化发展研究[M]. 乌鲁木齐：新疆人民出版社，1997.

21. 买买提·明库尔班. 了解墨玉[M]. 维文版. 和田行署文史资料办公室、墨玉县人民政府办公室编印，1996.

22. 新疆维吾尔自治区编辑组. 南疆农村社会[M]. 乌鲁木齐：新疆人民出版社，1979.

23. 王治来. 中亚史[M]. 维文版. 阿不来提·努尔顿，艾则孜·玉素甫，译. 乌鲁木齐：新疆人民出版社，2000.

24. 阿布都拉·苏莱满. 天下只有一个和田：文物古迹、绿洲与生态[M]. 维文版. 乌鲁木齐：新疆大学出版社，2003.

25. 阿布都拉·苏莱满. 天下只有一个和田：丝绸业、和田玉、地毯业[M].维文版.乌鲁木齐：新疆大学出版社，2003.

26.阿布都拉·苏莱满.天下只有一个和田：和田地名[M].维文版.乌鲁木齐：新疆大学出版社，2006.

27.阿布都拉·苏莱满.天下只有一个和田：神话、传说、故事（选）[M].维文版.乌鲁木齐：新疆大学出版社，2006.

28.安尼瓦尔·赛买提.禁忌与维吾尔传统文化[M].乌鲁木齐：新疆人民出版社，2004.

29.热依拉·达吾提.维吾尔族麻扎研究[M].乌鲁木齐：新疆大学出版社，2001.

30.赵平，吕逸华.服装心理学概论[M].北京：中国纺织出版社，1995.

31.奚从清，沈赓方.社会学原理[M].杭州：浙江大学出版社，2001.

32.王娟.民俗学概论[M].北京：北京大学出版社，2002.

33.夏米西丁哈吉.《中国穆斯林》杂志优秀论文选编：正道苑（《Hidayet Gulzari》）[M].北京：民族出版社，2006.

34.新疆维吾尔自治区教育委员会新疆历史教材编写组.新疆地方史[M].乌鲁木齐：新疆大学出版社，1993.

35.陈勤建.当代中国民俗学[M].上海：上海文艺出版社，1988.

36.陈华文.文化学概论[M].上海：上海文艺出版社，2001.

37.时光，王岚.宗教学引论[M].北京：中央民族大学出版社，1994.

38.耐·鲁克楚尼，库·维力.古代维吾尔工艺经：第1卷[M].维文版.喀什：喀什维吾尔文出版社，1988.

39.何星亮.新疆民族传统社会与文化[M].北京：商务印书馆，

2003.

40. 马戎.西方民族社会学的理论与方法[M].天津：天津人民出版社,1997.

41. [英]奥雷尔·斯坦因.重返和田绿洲[M].刘文锁,译.桂林：广西师范大学出版社,2000.

42. [俄]尼·维·鲍戈亚夫联斯基.长城外的中国西部地区[M].新疆大学外语系俄语教研室,译.北京：商务印书馆,1980.

43. 林耀华.民族学通论[M].北京：中央民族大学出版社,1997.

44. [法]勒内·格鲁塞.草原帝国[M].蓝琪,译.北京：商务印书馆,1998.

45. [俄]吉洪诺夫.回鹘汗国的经济与社会制度[M].维文版.乌依古尔·萨依然,译.乌鲁木齐：新疆人民出版社,2000.

46. 杨圣敏.回纥史[M].维文版.依明·阿合买提,译.乌鲁木齐：新疆人民出版社,1998.

47. 米尔·苏里坦·欧斯曼诺夫.现代维吾尔语和田方言[M].维文版.乌鲁木齐：新疆人民出版社,2004.

48. 依明江·阿布都热依木.维吾尔族手工艺文化研究[M].乌鲁木齐：新疆美术摄影出版社,2007.

49. [英]奥雷尔·斯坦因.沙埋和田废墟记[M].维文版.艾力,等,译.乌鲁木齐：新疆人民出版社,2001.

50. 李进新.新疆宗教演变史[M].乌鲁木齐：新疆人民出版社,2003.

51. 王作之.新疆古代畜牧业经济史略[M].乌鲁木齐：新疆人民出版社,1998.

52. 石通扬.少数民族地区乡镇经济[M].北京：知识出版社,

1992.

53.王政挺.传播：文化与理解[M].北京：人民出版社，1998.

54.严行方.文化经济学[M].北京：北京经济学院出版社，1992.

55.耿世民，吐尔逊.乌古斯可汗传说[M].北京：民族出版社，1980.

56.范秀传.中国边疆古籍题解[M].乌鲁木齐：新疆人民出版社，1995.

57.买买提·热依木.维吾尔民间谚语[M].维文版.乌鲁木齐：新疆人民出版社，1979.

58.新疆社会科学院历史所.新疆历史与文化[M].乌鲁木齐：新疆人民出版社，2006.

论文类

1.李吟屏.论新疆历史上的巴扎[J].新疆大学学报，1991（4）.

2.安尼瓦·买提塞迪.维吾尔族的市场文化[J].中国民族：维文版，2007（2）.

3.王茜，李晓琴.维吾尔近代集市贸易述论[J].新疆社科论坛，2001（2）.

4.依里哈木.维吾尔经商意识的历史根源[J].新疆大学学报：维文版，1997（2）.

5.买买提·赛来.古代维吾尔商人[J].新疆社会科学：维文版，1993（4）.

6.阿布都许克尔.巴扎的历史探讨[J].新疆社会科学：维文版，1995（2）.

7.吾斯曼·司马依.从民间文学角度看维吾尔族商贸活动[J].新

疆大学学报：维文版，1997（2）.

8.古丽扎帕尔.新疆古代贸易的发展[J].新疆社会科学：维文版，1998（3）.

9.阿不都克里木·热合曼.论20世纪维吾尔商业文化及其发展[J].新疆大学学报：维文版，2005（2）.

10.买提阿布拉，等.浅谈古代和田的商业发展[J].新疆社会科学：维文版，2002（2）.

11.迪力夏提.地理环境与商贸活动的关系探讨[J].干旱区地理，1998（3）.

12.吾浦尔，等.维吾尔商人的叫卖艺术探讨[J].喀什师范学院学报，2000（2）.

13.尼扎米丁.试探古代于阗绿洲变迁[J].新疆社会科学：维文版，1996（1）.

14.方晓华.巴扎的文化解读[J].新疆社会科学，2007（5）.

15.阿里木江.丝绸之路和中原文化对西域的影响[J].新疆大学学报，1991（3）.

16.刘志霄.丝绸之路与维吾尔族[J].新疆社会科学：维文版，1981（1）.

图书在版编目（CIP）数据

绿洲聚会：维吾尔巴扎与民俗生活 / 哈丽达·斯拉木著. — 郑州：中州古籍出版社，2018.1
（华夏文库民俗书系）
ISBN 978-7-5348-7147-4

Ⅰ.①绿… Ⅱ.①哈… Ⅲ.①维吾尔族 – 少数民族风俗习惯 – 中国 Ⅳ.①K892.315

中国版本图书馆CIP数据核字（2017）第142281号

华夏文库·民俗书系
绿洲聚会：维吾尔巴扎与民俗生活

总 策 划	耿相新　郭孟良
项目协调	单占生
项目执行	萧　红
责任编辑	张　雯
责任校对	岳秀霞
封面设计	新海岸设计中心
版式设计	曾晶晶
美术编辑	王　歌

出　版	中州古籍出版社
	地址：河南省郑州市经五路66号
	邮编：450002
	电话：0371-65788693
经　销	新华书店
印　刷	河南新华印刷集团有限公司
版　次	2018年1月第1版
印　次	2018年1月第1次印刷
开　本	960毫米×640毫米　1/16
印　张	8.75印张
字　数	70千字
印　数	1–3000册
定　价	23.00元

本书如有印装质量问题，由承印厂负责调换